Les Nouvelles Bases

Technologie pâtissière

Berry Farah

la pâtisserie du XXIe siècle

Rédaction
Direction artistique et mise page
Photograhie
Berry Farah

Révision des textes
Gaétan Rochon

Mise à jour
http://www.patisserie21.com
Nom : Techno **Mot de Passe** : NB58V1

© Berry Farah, 2012

© Éditions Berry Farah, 2012

Dépôt légal : Bibliothèque et Archives nationales du Québec, 2013

Dépôt légal : Bibliothèque et Archives Canada, 2013

ISBN : 978-2-9810597-2-7

Sommaire

Préface 9

Tradition : mythe ou réalité ? 13

Les ingrédients 21

Le blé et la farine 23

Nouvelle interprétation sur le développement 28
et la formation des pâtes en boulangerie
Tableau des farines françaises et nord-américaines 36

Le saccharose 39	**Le beurre** 42	**La poudre de lait** 44
Les oeufs 43	**Le malt** 44	**La poudre levante** 46
Le sel 45	**La levure** 47	

Les additifs 51

Le carraghénane iota 53	**L'ester de sucre** 55	**La lécithine de soja** 57
La gomme de caroube 55	**La pectine** 54	**Le xanthane** 57

Les pâtes 61

Architecture 63
Les pâtes friables

Bref historique des pâtes friables 81
La dénomination des pâtes friables 85
Les pâtes friables en un coup d'oeil 86
Structure des pâtes friables. 87

Les pâtes levées

Bref historique des pâtes levées 121
Les pâtes friables en un coup d'oeil 126
Structure des pâtes levées 127
Le panettone à la levure 140

Nouveau procédé de réalisation 76
Les pâtes battues

Bref historique des pâtes battues 95
La dénomination des pâtes battues 99
Les pâtes battues en un coup d'oeil 100
Structure des pâtes battues 101
Technique de création des pâtes battues 116
Le biscuit au beurre façon cake 118

Les pâtes feuilletées

Bref historique des pâtes feuilletées 145
Les pâtes friables en un coup d'oeil 148
Structure des pâtes feuilletées 149

Vers une méthode une méthode universelle 158

La Pâtisserie du XXIe siècle : les nouvelles bases

Sommaire

Les crèmes et les mousses   163

Introduction aux crèmes et aux mousses 165	**La structure des crèmes et des mousses** 171	**Le chocolat** 181
La structure des crèmes et des mousses au chocolat 185	**La construction des crèmes et des mousses** 197	

La construction des crèmes et des mousses   197
Mousse au chocolat   203
Mousse à la vanille   214
Mousse au praliné   218

Bibliographie   225

Préface

Dans mon précédent ouvrage, je mentionnais que le changement ne peut se faire que si les pâtissiers reconnaissent que la pâtisserie peut se faire autrement. Malheureusement, le formalisme qui encadre cette profession ne permet pas d'envisager d'autres règles et de reconsidérer les acquis, au regard de l'évolution de la science, de la technologie et des techniques. La formation est toujours régie par les recettes dont personne ne semble vouloir se détacher. Pourtant ce sont ces recettes –associées à des techniques bien définies– qui privent les pâtissiers de se réinventer. Ils ne peuvent s'en passer, du moins c'est le sentiment qu'ils ont. En effet, les pâtissiers sont souvent tributaires de ce qui a été écrit dans les livres de recettes, et de ce que leur proposent les diverses entreprises de produits qui exercent une grande influence sur les tendances. Quant aux rares créateurs, les nouvelles recettes sont bien souvent des ajustements et des remises en forme de ce qui se faisait déjà. La création est plus souvent basée sur l'agencement de texture, la combinaison de nouvelles saveurs et l'esthétisme. Il ne suffit pas aux pâtissiers de reproduire et reproduire des recettes s'ils ne sont pas aptes à construire les leurs, car après tout si l'art du goût est primordial, l'alchimie nécessaire pour y parvenir est tout aussi importante. La question est donc : peut-on définir des règles, sur lesquelles les pâtissiers peuvent se baser pour créer leurs propres recettes au gré de leurs inspirations et de leurs besoins spécifiques, sans avoir recours à des livres dits de référence qui ne sont jamais autre chose que des livres de recettes ? Peut-on définir d'autres techniques que celles utilisées en pâtisserie en obtenant des résultats aussi satisfaisants ou meilleurs, sans devoir se référer à des principes dont on prétend – souvent à tort – qu'ils sont les seuls valables ?

C'est à ces questions que j'ai répondues dans mon premier ouvrage et que je reprends aujourd'hui pour définir les nouvelles bases.

Quatre ans se sont écoulés depuis le jour où j'ai pris ma plume pour écrire « La Pâtisserie Nouvelle Théorie ». Au cours de ces années, j'ai poursuivi inlassablement ce travail de recherche pour arriver à définir des règles et des principes qui sont propres à l'artisanat. J'ai souhaité que ces bases ne soient pas une autre prison qui enfermerait le pâtissier dans de nouvelles règles, mais les clefs de la créativité qui lui permettront d'inventer ses propres bases. C'est pourquoi, vous ne trouverez pas de recettes, mais un guide pour réussir à construire les vôtres. Les seules recettes qui vous seront proposées seront uniquement à

titre d'exemple ou pour démontrer certains principes. J'ai essayé de marier théorie et pratique et de mettre l'emphase sur l'essentiel pour que vous réussissiez à créer des produits qui vous ressemblent. Ceux qui ont lu le premier ouvrage retrouveront ce qu'ils avaient lu de manière plus organisée, enrichi par les nouvelles découvertes ainsi que, de manière très détaillée, toutes les bases nécessaires à construire ses pâtes et ses crèmes avec une texture et une structure équilibrées.

Un tel travail ne pouvait se faire sans le mettre dans un contexte historique, car on ne peut réinventer le présent et construire l'avenir sans tenir compte du passé. J'ai ainsi mené une véritable enquête du XIXe siècle jusqu'à nos jours. Que de découvertes qui démontrent bien que l'Histoire n'est parfois que légendes, et que suivre les recettes à travers le temps et les différents ouvrages permet de décoder des vérités cachées qui vous seront présentées dans cet ouvrage. Il ne faut pas craindre de remettre en question ce que les fondateurs de la nouvelle pâtisserie ont construit dans les années 1960-1970. L'influence de l'industrie, l'idée de simplification et de rentabilité a bouleversé les recettes et bien des principes, parfois avec raison, mais parfois à tort. C'était une autre époque, qui a donné à la pâtisserie ses heures de gloire. Depuis, les années 1980 puis les années 1990 ont apporté leur changement et leur nouveauté dans la continuité de ce que leurs pairs avaient établi. Cependant, les recettes ont peu évolué et reposent toujours sur les mêmes principes. Les mousses sont devenues la norme et l'idée d'inventer des desserts différents se résume bien souvent à réinventer les classiques. A présent, les pâtissiers cèdent aux sirènes du bien manger et cherchent à instaurer des substituts au sucre et à la matière grasse laitière. Une fois encore, les pâtissiers prennent le train en retard, alors même que l'industrie abandonne le créneau du "light" (aliments légers) et que la matière grasse laitière retrouve ses lettres de noblesse auprès de la recherche médicale, et que les poloyols (sucres de substitution) sont critiqués. Comme je le mentionnais dans mon premier ouvrage, le secret se trouve dans l'équilibre de la recette et non pas dans le remplacement des ingrédients. Le temps est venu de refermer ce chapitre qui dure depuis 50 ans et d'en construire un nouveau, d'instaurer de nouveaux programmes de formation et faire entrer la pâtisserie dans le XXIe siècle.

Mon livre tient compte autant de la réalité nord-américaine que française. Bien entendu, la France étant la patrie de la pâtisserie, j'y fait beaucoup référence lorsqu'il s'agit de tradition et de produits, puisque la base de la pâtisserie internationale est en grande partie basée sur la pâtisserie française.

Tradition: mythe ou réalité ?

La tradition signifie transmettre un savoir de génération en génération de manière orale ou écrite. Cependant ce savoir peut être sujet à des interprétations, ou de mauvaises transcriptions, qui modifient la tradition. Parfois, le recours à l'Histoire permet de faire la lumière sur la prétendue vérité, d'autant plus que des documents existent pour valider ou invalider les faits. En pâtisserie, l'Histoire est souvent sujet à controverse. S'il existe certaines évidences, il est difficile d'être affirmatif sur bien des sujets. De ce fait, la vérité n'est pas toujours celle qui a été transmise.

Ce n'est que vers les années 1970 que se sont dessinés les contours de la pâtisserie moderne qui ont définitivement modifié l'enseignement et la pratique de celle-ci. Ces bases se sont donc ancrées dans nos pratiques pour devenir des habitudes, au point qu'il est impensable de remettre en question ce qui est devenu –aux yeux de tous– une évidence. Par la suite, les changements apportés par les grands noms de la pâtisserie n'ont été là que pour enrichir, améliorer ou transformer les bases déja présentes. Néanmoins 40 ans plus tard, il est légitime de s'interroger sur la pertinence de ces bases. Pourtant peu d'auteurs se sont attaqués à cette tâche. Les livres d'enseignement de pâtisserie n'ont guère évolué et les recettes sont toujours au coeur de l'enseignement.

Qu'est ce qui définit la tradition ? la recette, la forme, le goût ? Pour répondre à cette question, la brioche a été prise comme exemple. La brioche est l'emblème de la viennoiserie française et l'une des pâtes par excellence de la pâtisserie classique et moderne.

L'Histoire de la brioche reste obscure. Différentes thèses ont été suggérées mais celle qui semble la plus plausible laisse à penser que la brioche serait dérivée du pain béni. Le pain bénit est à l'origine un pain composé d'eau, de levure et de sel. L'origine de ces pains bénits serait grecque. Encore aujourd'hui, on retrouve ses traces au Moyen-Orient, particulièrement au Liban, où la communauté grecque orthodoxe le réalise pour sa communion. Par contre, chez les grecs catholiques du Liban, le pain bénit est sucré et parfumé. En Angleterre, ce pain bénit s'est transformé pour devenir le « hot cross buns » ou le « cross-bun » qui ressemble à un pain au lait. Plus tard, ce pain sera enrichi de beurre et d'oeufs. La brioche entre définitivement dans les livres de pâtisserie française dès le XVIIIe siècle.

Pour ce qui est de la définition de la brioche, elle varie d'un dictionnaire à un autre.

> **Centre National de Ressources Textuelles et Lexicales**. : pâtisserie à base de farine, d'oeufs de lait et de levain

Tradition: mythe ou réalité ?

Dictionnaire de l'Académie Française 9ème édition : dérivé de brier, forme normande de broyer. Pâtisserie en pâte levée, légère généralement en forme de boule surmontée d'une boule plus petite appelée tête, ou en forme de couronne.

Dictionnaire Larousse : pâtisserie en pâte levée faite de farine détrempée à l'œuf et au lait, cuite au four.

Quant aux recettes de la brioche, elles ont toutes une constante, elles sont réalisées à partir d'oeufs et contiennent du sucre, du beurre, du sel et de la levure mais ni de lait –ou de façon anecdotique– ni de levain. Cependant toutes les brioches d'avant les années 1960-1970 ne sont pas très sucrées; elles n'ont pas plus que 6% de sucre par rapport à la quantité de farine. Elles contiennent plus de 600g de beurre et elles sont réalisées à partir d'un levain-levure, c'est-à-dire un mélange d'un quart du poids de la farine, de l'eau et la totalité de la levure. Cette préparation est appelée « sponge » chez les anglo-saxons. Les brioches du XIXe siècle laissent à penser que l'hydratation est aussi plus importante du fait que la brioche est salée que sucrée. De plus, le levain-levure n'était pas une pâte ferme mais plutôt mollette. Finalement dans «Le traité de pâtisserie moderne » d'Émile Duval et d'Émile Darenne, la brioche – telle qu'elle est fabriquée aujourd'hui à l'exception de la présence de sucre – est qualifiée de brioche anglaise. Les auteurs précisent qu'il est nécessaire de rajouter du lait pour ne pas avoir une pâte trop ferme. Finalement dans les livres professionnels des années 1950 la brioche sucrée fait son apparition. Elle est alors plus sucrée que nos brioches actuelles : 20% de sucre par rapport à la quantité de farine.

Quant à la technique, elle n'a pas toujours été celle que nous utilisons aujourd'hui. Tout au long du XIXe siècle, le beurre était introduit dès le début du pétrissage comme cela se fait encore pour certaines brioches régionales. Au cours du XXe siècle, le beurre a commencé à être mis en fin de pétrissage. Dans ce cas, on parle de beurre manié sans préciser si celui-ci a été mélangé au préalable à la farine ou alors il s'agit de manier dans le sens de ramollir. Pourtant dans certains livres de la même époque on fait la distinction entre beurre manié et beurre ramolli.

L'analyse des recettes de la brioche nous apprend qu'elles varient d'un auteur à un autre, même si toutes les recettes contiennent du beurre et des oeufs. Il n'existe donc pas une recette type de brioche même si du XIXe siècle jusqu'aux années 1930 la brioche était une brioche non sucrée, très riche en beurre et très hydratée.

Tradition : mythe ou réalité ?

Si nous allons dans le sens de la définition de l'Académie française c'est la forme qui détermine le nom davantage que les ingrédients. La preuve en est qu'il y a la brioche à tête, la brioche mousseline de forme cylindrique et la brioche de Nanterre de forme rectangulaire qui sont réalisées à partir de la même recette. À cela s'ajoute, les particularités régionales avec la brioche vendéenne, la brioche bordelaise et tous les dérivés de la brioche : la fouace de Rodez, la pogne de Romans, la couronne des rois, le gibassier, le Kugelhopf... Toutes ces recettes s'apparentent à la recette de la brioche. Étonnamment, ce sont les brioches régionales qui correspondent davantage à la définition du dictionnaire avec leur quantité importante de lait et la présence de levain ou de levain-levure. De plus, les brioches régionales sont souvent sucrées contrairement à la brioche parisienne.

Bien entendu, la brioche n'est pas une spécialité uniquement française puisqu'il en existe des variantes entre autres en Grèce le tsoureki et en Italie le panettone.

Mais ce qui a fait de la brioche ce qu'elle est, c'est sa forme. La fameuse brioche parisienne —la brioche à tête— est devenue l'emblème des pâtes levées avec le croissant. Ils ont fait la réputation de la grande pâtisserie française. La brioche est donc la version épurée de toutes les variations régionales. Elle est le consensus, celle qui unit toutes les régions autour d'un même drapeau, celui de la pâtisserie française.

Alors que doit-on enseigner à nos pâtissiers ? La recette instituée dans les années 1970 réintroduire la recette des années 1930 avec peu de sucre, plus de beurre et le levain-levure ? Quelle technique doit-on enseigner celle de l'introduction du beurre en fin de pétrissage ou celle avant le pétrissage ? Pour quelle quantité de beurre et d'oeufs opter ?

Nous voyons bien que nous faisons face à un dilemme qui met en faux l'idée même d'enseigner une recette et une technique. Il est préférable d'enseigner comment se construit une brioche et les influences des ingrédients qui la constituent et de présenter diverses techniques et recettes.

Quant au goût comme l'évaluer ? Quelle est l'influence de la texture sur le goût ? Comment réagirait une clientèle face une brioche peu sucrée ou à une brioche plus sucrée ?

L'influence de la texture sur le goût est aussi prépondérante que la qualité des ingrédients ou que leur proportion. La proportion des ingrédients détermine en grande partie la texture et dans le cas des pâtes fermentées la conduite de la fermentation agit pour une autre partie.

Pour aller plus loin encore, une même recette de brioche réalisée avec des farines ayant des

Tradition: mythe ou réalité ?

taux de protéines différents vous donnera deux produits au goût différent. Ce ne sera pas tant le goût de la farine qui aura influencé le goûteur, mais la texture qui aura conféré une mâche différente et aura changé la perception du produit. Certains préférerons une brioche plus aérée d'autres une brioche plus dense. Dense ne signifie pas plus lourde mais traduit l'organisation d'une certaine quantité de matière dans une surface donnée. Cette organisation peut dépendre de l'hydratation, du type de farine, de la quantité de sucre ou de beurre, de la conduite de la fermentation …

L'identité de la brioche est donc celle que lui confère celui chez qui nous allons l'acheter. Si pour certains c'est chez le boulanger, pour beaucoup c'est au supermarché. Même si certains déplorent cette réalité, elle ne peut être ignorée car elle aura des conséquences sur l'avenir de la brioche. Les enfants de demain n'apprécieront pas les mêmes brioches que les enfants d'hier. D'ailleurs la nouvelle génération de chefs pâtissiers comme Christophe Michalak ne se cache pas de l'influence que l'industrie a eu sur son travail. Cette influence s'est exercée sur la forme, le concept et parfois sur les saveurs. Il suffit de penser à certaines de ses créations, comme yes, certains fingers et les rochers pour ne parler que de ses plus célèbres ou encore de l'utilisation des biscuits mikado. Ce flirt entre industrie et pâtisserie et pâtisserie et industrie date du début de l'ère industrielle. Chacun s'est inspiré des découvertes de l'autre que cela soit d'un point de vue du matériel, des recettes, des procédés ou de l'organisation.

L'authenticité d'un produit est en rapport avec les souvenirs que nous en avons et l'influence qu'exerce l'époque et les hommes et les femmes des médias qui décrètent ce qu'est la tradition et où la trouver. Même si le produit de la boutique désignée est de qualité, cela ne signifie d'aucune façon que sa conformité avec la tradition est avérée. Les réputations sont parfois surfaites, surtout dans un monde où la conceptualisation de la pâtisserie – à l'image de l'art contemporain – et la starification de ses chefs ont parfois plus d'importance que la valeur du produit. Malheureusement, notre esprit critique est souvent mis à dure épreuve lorsque le déferlement d'opinions consensuelles nous laisse croire à des vérités qui n'en sont pas.

Les critères pour qualifier un produit de tradition sont purement subjectifs. Il suffit que le produit porte le nom, ait la bonne forme, soit savoureux et soit parfumé de la manière dont on pense que la tradition l'exige pour que le produit ait l'imprimatur des chantres de la haute gastronomie. D'ailleurs ces mêmes critères 50 ans plus tôt ou 50 ans plus tard pourraient être jugés moins appropriés. Cela conduit à s'interroger –au delà de la tradition – sur le goût

Tradition: mythe ou réalité ?

du produit.

Hormis l'époque et ses influences, je crois en l'existence d'une harmonie des saveurs au sein d'un produit qui en fait, si ce n'est son universalité, un produit attractif pour un grand nombre. Le secret de cette harmonie est difficile à démystifier. Même si une analyse précise de tous les éléments qui font la richesse d'un produit est faite et que l'on parvienne à identifier tous les points nécessaires pour en faire un produit extraordinaire, cela ne garantit d'aucune façon que le pâtissier réussisse à créer cette unité harmonieuse. Le pâtissier est comme un chef d'orchestre; il ne suffit pas d'avoir les meilleurs musiciens s'il ne réussit pas à créer une chimie qui permet de faire un tout qui donne un son unique qui se différenciera d'un autre orchestre qui aura joué la même partition. Ce secret est ce qui détermine tout le talent d'un artisan. C'est la symbiose, non seulement d'un savoir faire, mais surtout d'une manière d'aborder son art et de le réaliser en conformité avec une idée plus grande qu'une idée marchande et conceptuelle de la pâtisserie.

De ce fait comment préserver le patrimoine gastronomique d'une nation et comment le transmettre ?

Il est évident que le nom, la forme d'un produit et l'histoire qui l'accompagne sont à la base de la tradition. Ensuite, et surtout, les ingrédients qui le composent vont exercer leur influence mais cela ne signifie d'aucune façon que la tradition est liée à une recette. Il faut laisser une certaine latitude à chaque pâtissier d'interpréter la tradition. C'est le cas avec le panettone protégé par une appellation qui définit les ingrédients de base et leur quantité minimum. Ensuite c'est au pâtissier de l'interpréter. Les versions artisanales des panettones sont nombreuses. Cela peut se comparer à la chanson « My Way ». Malgré les variations musicales et les traductions, elle a toujours conservé sa profonde nature ce qui fait que quelle que soit son interprétation, elle est reconnue par tous des plus anciens aux plus jeunes. Cependant, on oublie que son origine est française et que les paroles de la version anglaise sont une nouvelle écriture. Ce qui reste, c'est la musique qui fait son identité. Pour prendre une comparaison plus en relation avec la pâtisserie, il suffit de penser au gâteau opéra. Si la paternité de ce gâteau a été longtemps disputée par Dalloyeau et Lenôtre, ce n'est ni l'un ni l'autre qui en sont les créateurs comme le rappelle l'historienne Maguelonne Toussaint-Samat. L'opéra est l'oeuvre du pâtissier Louis Clichy qui, en 1955, vend sa boutique à Marcel Bugat. A cette époque le gâteau s'appelle le clichy. Cependant le beau frère de Marcel Bugat propriétaire de la maison Dalloyeau va se saisir de cette recette pour la faire sienne et baptiser le clichy l'opéra. La suite de l'histoire nous la connaissons avec le rachat d'une des

La Pâtisserie du XXIe siècle : les nouvelles bases

Tradition: mythe ou réalité ?

boutiques de la maison Dalloyeau par Gaston Lenôtre qui va s'en attribuer la paternité.

Ce n'est pas toujours le créateur qui fait du produit son succès et le fait entrer dans l'Histoire. C'est un concours de circonstances, une rencontre entre un homme ou une femme et son époque.

Pour que la tradition perdure, il est important de mieux l'ancrer quitte à la normaliser comme cela a été fait pour le panettone. En effet, la fragilisation identitaire exige l'instauration de balises pour éviter l'effritement et l'effondrement d'une tradition et plus généralement d'une culture. D'autre part, il est nécessaire d'enseigner comment se construisent les produits de pâtisserie pour améliorer la tradition et l'enrichir de nouveaux produits.

Tout le défi de ce livre est d'offrir aux pâtissiers les clefs nécessaires afin de préserver la tradition et d'inventer celle de demain pour faire entrer la pâtisserie dans le XXIe siècle.

La France a universalisé la pâtisserie de ce fait la tradition française appartient à tous. Ce livre est la forme universaliste de la pâtisserie française afin qu'il réponde à toutes les questions de ceux qui souhaitent développer leur pâtisserie, enrichir leur tradition et dénouer les noeuds qui les privent d'aller au-delà des frontières qui sont les leurs.

Les ingrédients

Le blé et la farine 23
Le saccharose 39
Le beurre 42
Les oeufs 43
Le malt 44
Le lait en poudre 44
Le sel 45
La poudre levante 46
La levure 47
Les additifs 51

Blé et farine — Les ingrédients

Le blé et la farine

La farine est la pierre angulaire des pâtes en pâtisserie. Pourtant, elle est souvent négligée par les pâtissiers. Jouer avec les farines permet d'agir sur les textures et la structure des pâtes. Il est important de prendre le temps de tester différentes farines et comparer les produits réalisés avec ces dernières pour en dégager leur essence. Pour mieux comprendre les farines et leur incidence sur les pâtes, partons à leur découverte.

Le blé se divise en deux grandes catégories :

Le blé tendre (Triticum Aestivum Vulgare) et le blé dur (Triticum Durum)

Le blé tendre est un blé panifiable à contrario du blé dur. Le blé tendre sert à la réalisation des pâtes de boulangerie et de pâtisserie, alors que le blé dur sert à la confection de pâtes alimentaires (macaroni, spaghetti…).

Le blé tendre se caractérise par :

la dureté du grain du blé : hard, medium-hard, medium-soft, soft
En Amérique du Nord les blés tendres sont de type hard ou soft et en France hard, medium-hard, medium-soft et soft

la couleur de l'enveloppe : rousse ou blanche. En France, la couleur n'est pas mentionnée, car le blé est majoritairement roux.

la saison des semailles : le blé d'hiver semé à l'automne et le blé de printemps semé au printemps. Le blé d'hiver est un blé des régions tempérées alors que le blé de printemps est issu de régions où l'hiver est rigoureux.

le taux de protéines du blé : deux farines avec le même taux de protéines ne sont pas pour autant des farines identiques. Le type de blé aura de l'influence sur les caractéristiques de la farine.

La Pâtisserie du XXIe siècle : les nouvelles bases

Blé et farine

Les ingrédients

> Au Québec, le blé tendre et le blé dur sont, en fait, des blés tendres dont le grain est dur et des blés tendres dont le gain est mou. Le terme blé hard et blé soft est aussi utilisé. Au Québec le blé dur est appelé blé durum et le blé tendre blé courant et parfois blé tendre. Il est donc important pour les boulangers et les pâtissiers, qui voyagent d'un continent à l'autre, de bien comprendre ces distinctions, sources de confusion. De ce fait, lorsqu'on parle de blé dur au Québec il s'agit le plus souvent de blé destiné à la boulangerie et lorsqu'on parle de blé tendre ou mou, il s'agit de blé destiné à la pâtisserie, à l'exception des viennoiseries et des pâtes feuilletées.

Ce blé est ensuite transformé en farine pour répondre, entre autres, au besoin des pâtissiers et des boulangers. Les farines sont classées de manières différentes en fonction des pays. Les classements répondent à des normes officielles, qui sont souvent associées à des dénominations particulières liées au type de blé ou au travail à laquelle la farine est destinée.

En Europe le classement se fait généralement sur le type de farine en relation avec son taux de cendres. Cependant cette dénomination est source de confusion car elle n'apporte aucune information sur les propriétés rhéologiques de la farine.

> *…Il s'agit d'une définition réglementaire qui rend plus ou moins bien compte des taux d'extraction et qui ne préjuge en rien de la qualité d'utilisation des farines, bien qu'un usage particulier soit assigné à chacun des types…*
>
> Pierre Freillet dans le grain de blé éditions INRA 2000.

> Le taux de cendre de la farine est calculé sur la matière sèche soit aux environs de 0.45% de résidu après combustion de la farine pour une farine T45. Le taux de cendres est indirectement lié au taux d'extraction. Le taux d'extraction signifie : la quantité de farine produite à partir de 100kg de blé. C'est à dire, que plus le taux d'extraction est bas plus la quantité de son et de l'enveloppe du blé retirée est importante. Plus le taux d'extraction de la farine est bas, plus la farine est blanche. La farine T45 a un taux d'extraction d'environ 70%, c'est à dire, un taux d'extraction des plus bas. La farine est très blanche.
>
> Il est important de noter qu'en France le taux de protéines et le taux de cendres sont calculés sur la matière sèche, alors qu'en Amérique du Nord le calcul est fait sur le total de la farine en tenant compte d'un taux d'humidité d'environ 14%.

De ce fait, les pâtissiers français ne connaissent pas aussi bien leur farine, qu'ils le prétendent, et se trouvent bien souvent désemparés à l'étranger. Ils se fient alors à leurs compatriotes ou encore aux allégations des meuniers locaux. Cependant, cette méconnaissance conduit à des choix qui ne sont pas toujours appropriés à leur travail. De la

Blé et farine — Les ingrédients

même manière, les pâtissiers nord-américains, qui consultent les livres français, se trouvent désemparés lorsqu'ils lisent T 45 ou T 55 ne sachant pas de quel type de farine il s'agit. Une farine T 45 ou une farine T 55 peut être forte ou faible en protéines et plus ou moins extensible ou élastique. Si pour les pâtissiers français, il va de soi que la farine T 45 est forte en protéines par rapport à une T 55 et la T 55 une farine faible en protéines par rapport à une T 45 – puisque c'est le choix fait par la plupart des meuneries – cela ne permet d'aucune façon de juger les caractéristiques de la farine. C'est pourquoi, il arrive de lire des aberrations dans les traductions françaises ou anglaises.

En Amérique du Nord, la dénomination des farines est associée au travail auquel la farine est destinée. À cela s'ajoute les caractéristiques du blé qui a servi à sa fabrication ainsi que le taux de protéines de la farine qui est souvent approximatif.

Cependant, les valeurs rhéologiques données par les différents instruments de mesure, tel que l'alvéographe de Chopin ou le farinographe, sont de précieuses informations à condition de bien interpréter les résultats.

La dureté du grain a une influence sur le taux d'hydration d'une farine. Lors de la mouture l'amidon est plus ou moins endommagé. Lorsque les grains de blés tendres sont durs, cela exige plus de force et endommage davantage l'amidon. C'est le cas des blés hard. Le choix de réaliser une farine plus granuleuse permet de réduire ce taux d'endommagement. L'amidon endommagé absorbe plus d'eau et devient plus disponible aux enzymes – appelées amylases – contenues dans les grains de blé germé. Cette action des enzymes est nommée activité diastasique ou « amylasique ». Elle transforme l'amidon endommagé en sucre (maltose). Si l'activité diastasique est trop importante, il ne sera pas possible de se servir de la farine au risque d'avoir un produit trop collant. Par contre, dans le cas des pâtes levées, une activité insuffisante devra nécessiter une correction (ajout d'enzymes ou de farines ayant un pouvoir diastasique important comme la farine de blé malté, ou encore l'extrait de malt ou le sirop de malt) au risque de ralentir la fermentation et de nuire au volume et à la coloration du produit. Cette activité est appelée l'indice de chute ou indice de Hagberg. La valeur moyenne est de 220 secondes mais bien souvent elle se situe au-dessus voir très au-dessus autour de 300 secondes pour des farines issues de blés riches en protéines. Plus l'indice est élevé, moins l'activité diastasique est importante et plus la qualité du blé est meilleur c'est-à-dire que la farine est plus riche en protéines. Le terme meilleur est relatif car le haut taux de protéines dans l'artisanat ne signifie pas pour autant une farine adéquate au travail du pâtissier ou du boulanger. Les produits maltés comportent, en plus des amylases, une autre enzyme la protéase qui dénature les protéines et peut donc nuire à la structure du gluten si la quantité est importante. Autrement, elle permet de favoriser l'extensiblité. Ces enzymes sont sensibles à la température. Plus la température est élevée,

La Pâtisserie du XXIe siècle : les nouvelles bases

Blé et farine — Les ingrédients

plus ces enzymes sont actives

En France, toutes les farines ou presque contiennent du malt. Elles peuvent contenir aussi du gluten, de l'acide ascorbique et parfois d'autres adjuvants.

En Amérique du Nord, le choix se fait entre des farines non blanchies et non traitées et des farines blanchies et/ou traitées. Les farines non blanchies non traitées ne contiennent aucun adjuvant. À l'occasion, elles peuvent contenir du malt ou des enzymes (des amylases). L'information concernant l'ajout de malt n'est pas toujours indiquée sur les sachets. Au Canada, toutes les farines sont enrichies en vitamines. Ces vitamines apparaissent dans la liste des ingrédients. Aux États-Unis, les farines biologiques n'ont souvent pas de vitamines ajoutées.

Je conseille toujours de travailler avec des farines ne contenant pas d'additifs et n'ayant subi aucun traitement de maturation ou de blanchissement. Il est préférable d'apprendre à mieux connaitre sa farine et de s'adapter à ses capacités ou de choisir une farine adéquate que de travailler avec une farine inappropriée qui a été équilibrée à l'aide d'adjuvants. Seul le malt est un ingrédient utile en panification, qu'il faut apprendre à utiliser. Comprendre son utilité et sa façon d'agir particulièrement dans les viennoiseries –comme cela sera vu dans le chapitre concernant les pâtes levées– permet d'améliorer les qualités des pâtes.

La farine est composée de protéines, d'amidons, de lipides, de sucres, de fibres, d'eau, de vitamines et de minéraux. Le rapport entre les protéines et les amidons influence les textures des produits de pâtisserie de même que la présence plus ou moins importante de fibres.

Moins il y a de protéines, plus il y a d'amidon, et plus la farine gagne en extensibilité et perd en élasticité. Une farine faible en protéines donnera dans le cas des pâtes battues des produits plus moelleux, plus de léger et un meilleur volume, alors qu'une farine plus forte en protéines donnera une texture plus friable, plus ou moins sèche avec un moins grand volume. De même que les farines faibles en protéines donneront des sablés qui s'étendent mieux au four et qui sont plus friables. En France, il faut choisir des farines de type biscuitier et en Amérique du Nord des farines de blé soft, farine à pâtisserie, pour les biscuits/sablés

> Scientifiques, boulangers et pâtissiers parlent du taux de gluten dans la farine à tort. Il n'y a pas de gluten dans la farine. Le gluten ne se forme que lorsque l'eau est ajoutée à la farine et permet la liaison des gliadines et de gluténines pour former le gluten dont les capacités élastiques ou extensibles seront développées en fonction du traitement subit par la pâte

Blé et farine — Les ingrédients

et les pâtes battues. Cependant, dans certains cas le choix de farines plus riches en protéines peut être envisagé comme cela sera vu dans le chapitre des pâtes battues.

Plus le taux d'extraction est bas moins la farine contient de fibres et de mineraux ce qui permet au gluten de se former à sa pleine capacité. En effet, les fibres absorbent en partie l'eau nécessaire à la formation du gluten et de ce fait l'affaiblissent.

Les protéines insolubles qui forment le gluten au contact de l'eau représentent 80% à 90% du total des protéines. Les protéines insolubles se divisent en deux groupes : les gliadines qui vont agir sur l'extensibilité de la pâte et les glutéines qui vont agir sur l'élasticité de la pâte. Ces protéines donnent au gluten ces caractéristiques qui déterminent la valeur boulangère d'une farine, c'est-à-dire sa capacité à créer ou à ne pas créer un certain type de produit.

Extensibilité : capacité de la pâte de s'étirer ou s'agrandir

Élasticité : capacité de la pâte, lorsqu'elle est soumise à certains efforts, à retrouver ses dimensions et sa forme originale une fois que l'effort est supprimé.

Ténacité : taux de résistance à la rupture. Elle est la conjonction entre l'extensibilité et l'élasticité. Les variations de l'extensibilité et de l'élasticité vont influencer la résistance à la rupture de la pâte.

L'alvéographe de Chopin est l'instrument idéal pour avoir une information précise sur les caractéristiques d'une farine. Cette analyse est faite par le meunier pour permettre d'estimer les capacités rhéologiques d'une farine. Cela permet d'orienter le travail du boulanger ou du pâtissier.

En Amérique du Nord, le farinographe est l'instrument le plus utilisé. Cependant, de plus en plus de meuneries offrent les informations à l'alvéo-consistographe. L'alvéographe a été doté du consistographe afin de tenir mieux compte des farines de blé Hard dont le taux d'absorption varie en fonction du taux d'amidon endommagé.

P : la pression elle représente la ténacité

L : l'extensibilité. La lettre G (gonflement) est aussi utilisée mais les unités sont différentes

W : le travail représente l'ensemble des paramètres. Il permet de déterminer la force d'une farine.

P/L : le rapport entre tenacité et extensibilité permet de donner une bonne indication de

Blé et farine — Les ingrédients

la courbe lorsqu'on a uniquement le W comme référence.

En géneral, les boulangers se réfèrent au W et au rapport P/L pour déterminer l'usage de la farine. Ainsi, une farine avec un W important –audessus de 300– sera considérée comme une farine avec une forte ténacité et dont l'usage sera réservé pour des pâtes levées de type brioche, pain de mie, pain au lait alors qu'une farine avec un W plus proche de 240 sera plus adaptée au pain français. Cependant, le travail effectué depuis plus d'un an sur le pain m'a conduit à élaborer une nouvelle hypothèse qui jette un nouveau regard sur la formation du gluten et remet en question les valeurs de référence qui caractérisent les farines. La complexité de la formation des pâtes ne permet pas aujourd'hui d'en arriver à des certitudes. Beacoup de théories contiennent des zones d'ombre. L'hypothèse que je vous présente contribue à la réflexion sur le travail des pâtes et remet en question l'interprétation donnée par les différents instruments de mesure.

Nouvelle interprétation sur le développement et la formation des pâtes en boulangerie et en viennoiserie

Ce sujet a donné lieu a de nombreuses études et analyses. Cependant, au regard de la complexité de la matière, les interprétations des phénomènes, qui se produisent au cours de la formation des pâtes, génèrent bien souvent, si ce n'est un consensus, des points convergents. Certes, chaque personne aborde le sujet avec une approche différente, et ce, en fonction de ses acquis, de sa formation, de sa façon de penser, de l'influence auquelle elle a été soumise. Ce qui a pour conséquence de faire varier les interprétations sans, pour autant, différer d'une idée commune sur la formation du gluten et sur la notion d'extensibilité et d'élasticité que les intruments de mesure tels que le farinographe, l'extensographe et l'alvéographe, traduisent. Pourtant, des chercheurs tels que Arie H. Bloksma et Ewart ont démontré que le gluten ne se formait pas tel qu'il est enseigné aujourd'hui. Maintes fois citée, rarement contestée, leur théorie reste pourtant en marge, et la pensée dominante sur la formation du gluten reste en vigueur. Sans doute qu'il est difficile aujourd'hui de démontrer au-dessus de tout doute ce qui se produit réellement au coeur de la pâte.

Au-delà de ces divergences scientifiques, ce qui intéresse les boulangers, et dans une certaine mesure les pâtissiers, ce sont les critères rhéologiques de la farine afin de pouvoir faire le choix le plus judicieux en fonction du travail à effectuer. Pour ce faire, le meunier peut mettre à leur disposition les résultats de différents tests cités plus haut. Cela devrait être un impératif en autant que l'on traduise correctement ces résultats et que dans une certaine mesure ces résultats traduisent bien ce qui se produit dans la pratique, ce qui n'est pas toujours le cas.

Blé et farine — Les ingrédients

En effet, au cours de mes essais de panification avec diverses farines, j'ai constaté combien il est difficile de manière rationnelle d'établir une relation entre les résultats proposés et la réalités de la panification. Les balises nécessaires à aider le boulanger et le pâtissier dans leur choix reste encore à déterminer. Dans ce contexte, j'ai essayé d'apporter un vision personnelle aux notions d'extensibilité, d'élasticité et de force afin de définir la panification de manière différente de ce à quoi on nous a habitués.

Les essais menés avec différentes farines m'ont conduit a remettre en question l'idée même d'élasticité et de prioriser l'extensbilité qui est, à mon sens, l'élement clef dans la formation des pâtes et de leurs caractéristiques. D'ailleurs, cela rejoint les propos de Arie H Bloksma, qui souligne l'importance de l'extensibilité et minimise l'importance de l'élasticité.

> *Until the importance of the elasticity of dough for baking quality has been demonstrated satisfactorily, I consider the requirement of elasticity a myth rather than a conclusion based on scientific considerations.*

> *Tant est aussi longtemps que l'on n'aura pas démontré de façon satisfaisante que l'élasticité est un critère de choix en panification, je considère que sa nécessité est un mythe bien plus qu'une réalité basée sur des considérations scientifiques*

Une bonne extensibilité permet un meilleur volume, facilite la rétention gazeuse et permet de repousser dans le temps le point de rupture de la pâte en autant qu'elle est soutenue par une ténacité adéquate.

Pour illustrer mes propos, je vais me servir de l'alvéographe-constitographe, puisque c'est l'instrument de référence pour les boulangers, principalement en Europe, et de plus en plus en Amérique du Nord. L'association de l'alvéographe et du consitographe permet des analyses plus précises que l'alvéographe, principalement pour les farines de blé hard dont la teneur en amidon endommagé est plus importante. D'ailleurs, avant la venu du couple alvéographe-consistographe, les analyses à l'alvéographe des blés hard canadiens pouvaient donner des courbes erronées et qui conduisaient à de fausses interprétations dues au fait des variantes que pouvaient donner différentes hydratations.
(http://www.grainscanada.gc.ca/research-recherche/edwards/alveo-fra.htm)

Selon Arie H. Bloksma, les mesures données par les instruments tels que l'alvéographe ne mesurent pas les propriétés qui entrent en lien direct avec la panification.

> *The usual physical dough test do not appear to measure properties that are directly important for breadmaking performance. The apparent succes of these tests, which measure rheological or similar properties, may result from their actually measuring properties that do directly influence dough behavior in the bakery.*

> *Les tests habituels de déformation des pâtes ne semblent pas mesurer les propriétés en lien direct avec la panification, Le succès apparent de ces tests, qui mesurent les propriétes rheologiques ou des propriétes semblabes,*

La Pâtisserie du XXIe siècle : les nouvelles bases

Blé et farine — Les ingrédients

est sans doute du fait que les propriétés mésurées influent sur le comporterment de la pâte au cours de la panification.

Pourquoi l'extensibilité est-elle la clef en panification ?

Les farines utilisées au Canada sont considérées en France comme des farines de force. Combien de fois n'avons nous pas entendu dire que nous ne pouvions pas faire de baguettes avec ce type de farine. Pourtant, après 2 ans de travail avec Jean Laperrière, avec qui j'ai travaillé sur l'étude du pain, nous sommes arrivés à la conclusion inverse. Tout au contraire, ces farines permettent d'obtenir de plus beaux pains, avec un meilleur volume et une belle mie alvéolée, une belle croûte et une bonne conservation, cela presque sans pétrissage, une hydratation moyenne, très peu de manipulation, un pointage long et un apprêt court. Nos tests menés avec des farines françaises de tradition, nous ont conduit à des résultats semblables, mais moins satisfaisants qu'avec les farines canadiennes (Il est important de préciser que nous avons utilisé de moins fortes hydratations que celles suggérées pour ces farines. Les farines de traditions n'ont probablement pas suffisamment d'extensibilité, la forte hydratation permet de palier ce problème) Au cours de nos essais nous avons constaté de légères différences entre différentes farines canadiennes. J'en ai déduit que cette variation était due à un manque d'extensibilité. Il m'est apparu, comme il sera expliqué dans le chapitre des pâtes, que le rapport tenacité/ extensibilité était la clef. Ce qui signifie que quelle que soit la farine, si le rapport tenacité/extensibilité est adéquat, il n'est plus nécessaire de surhydrater la pâte à pain. Il suffit de pétrir minimalement la pâte et favoriser un plus long pointage pour obtenir un excellent résultat. D'autre part, je me suis aperçu que plus l'extensibilité (L) était importante plus la force/travail (W) augmente et que la variation de la ténacité (P) n'avait pas autant d'importance qu'on le laisse entendre. Les différentes analyses à l'alvéographe de Chopin montrent que c'est davantage la variation de l'extensibilité qui fait varier le W pour des farines de blé hard et probablement pour des variétés medium-hard.

> Voici un exemple assez frappant du rapport de US Wheat Associates, 2011 Crop Quality Report. Il nous est présenté une farine de blé blanc de grain dur avec un P=69 et un L=264 qui a un W=444 alors qu'un blé de la même famille ayant un P=94 et un L=155 a un W=385.

Il est à préciser que le type de blé, la période de semence et la dureté du grain peuvent faire en sorte que dans certaines circonstances cela soit la ténacité(P) qui fasse varier le W. Sans faire de généralité, après analyse d'un nombre considérable de fiches techniques de blés français et américains je suis arrivé à déterminer comment le W fluctuerait en fonction de la ténacité et de l'extensibilité

A titre indicatif :

Blé et farine — Les ingrédients

Pour L <100 c'est davantage la ténacité (P) qui fait varier le W (c'est le cas des blés français, plus le L est bas plus cela va affecter le volume et l'élasticité serait moindre)

Pour L>100 et pour P<100 c'est davantage l'extensibilité(L) qui fait varier le W (c'est là où la farine serait la plus intéressante autant pour la viennoiserie que pour le pain. C'est le cas des farines italiennes, et certaines farines françaises pour le pain de tradition)

Pour P>100 et un L>100 c'est davantage la ténacité(P) qui fait varier le W. (C'est là ou l'élasticité pourrait être plus importante c'est le cas des farines utilisées pour les pains de mie nord-américains)

La forte extensibilité permet à la pression (P) de pouvoir prendre l'ampleur(se déployer, se décompresser) nécessaire d'où un gonflement important de la bulle à l'alvéographe et, de ce fait, un W important sans pour autant que cela signifie que la farine est forte tout dépendra de la ténacité P.

Pour un P/L identique, on peut soit avoir une forte ténacité(P) couplée à une forte extensibilité soit une ténacité(P) moyenne couplée à une extensibilité moyenne.

Exemple : P=60 L=85 P/L=0.7 (le W avoisinerait 270) - P=90 L=128   P/L=0.7 (le W avoisinerait les 300)

C'est là d'où vient l'intêret de la méthode décrite précédemment. Un faible pétrissage permettrait de tirer partie même d'une farine forte.

Dans le cas d'une forte extensibilité, associée avec une tenacité acceptable, le volume des pâtes devient conséquent.

Pour mieux comprendre l'influence de la ténacité (P), il est nécessaire de rappeler que cette ténacité représenterait en fait la viscosité, ce qui signifie qu'une ténacité (P) importante permet d'emmagasiner davantage d'air et favoriser une pression plus importante au sein de la pâte sans pour autant favoriser une meilleure rétention gazeuse. Cette pression n'est pas un indicateur d'élasticité. C'est le rapport ténacité/extensibilité qui va déterminer si la pâte devient plus ou moins élastique. C'est pourquoi une ténacité (P) très élevée et une très faible extensibilité(L) donnent une farine déficiente sans corps alors qu'une farine avec une ténacité (P) élevée et une moyennement bonne extensilité (L) donne une pâte plus élastique. La pression est accentuée par la fermentation qui –par le fait de générer du CO_2– fait gonfler les bulles d'air dont le mouvement entraîne un travail de la pâte. Celui-ci génère une élasticité si la pâte a été trop pétrie ce qui peut entraîner un déchirement de la pâte ou une rétraction de la pâte si l'extensibilité n'est pas suffisante. Pour éviter ce phénomène, il est recommandé de ne pas trop travailler les pâtes ou de les hydrater davantage, d'éviter des températures

La Pâtisserie du XXIe siècle : les nouvelles bases

Blé et farine — Les ingrédients

élevées de fermentation ou des quantités de levure importantes. Dans le cas contraire, l'élasticité va être davantage favorisée. L'extensibilité (L) pourrait être comparée à un agent de fluidité –en fonction du rapport ténacité/extensibilité– avec la particularité de favoriser la rétention gazeuse. En effet, il ne suffit pas d'avoir une forte viscosité et, de ce fait, emmagasiner l'air si on ne peut pas le retenir. L'extensibilité permet de soulager la pression de la pâte est favoriser le volume et la qualité de la mie. Si l'extensibilité est très importante et que la tenacité (P) est moindre, la pâte pourrait être considérée plus fluide avec moins d'air, mais pourrait gonfler davantage encore mais avec un risque de relâchement plus important d'autant plus dans le cas d'une forte hydratation. Cependant dans le cas d'un produit tel que le panettone, cela favorisera davantage le volume et l'aération du produit tel qu'il sera expliqué dans le chapitre des pâtes levées. Ce n'est pas tant l'élasticité de la pâte qui est importante pour un panettone mais son extensibilité et sa quantité d'oeufs, particulièrement de jaunes d'oeufs, qui stabilise le beurre et permet l'ajout d'une quantité importante d'eau et ainsi générer au four la vapeur d'eau suffisante pour faire gonfler la pâte. Le panettone n'est pas une pâte levée mais un gâteau levé est c'est là toute la différence. Il nous faut à la fois les caractéristiques d'une farine destinée à une pâte levée mais aussi l'extensibilité d'une farine de blé soft destinée à la pâte à gâteau. La particularité des blés soft est leur très faible ténacité (P) et leur plus ou moins forte extensiblité, extensibilité qui permet au four une forte expension des cakes sans avoir l'obstacle que peut être une plus ou moins forte ténacité (P) qui agit comme agent de rétention du volume. D'autre part, lorsque la pâte a une forte ténacité et une faible extensibilité, c'est là qu'intervient l'autolyse qui, contrairement à ce qui est souvent dit, n'est pas pour abaisser la force d'une pâte ou en atténuer l'élasticité mais va favoriser l'extensibilité par l'effet d'imprégnation qui sera abordé dans le chapitre sur l'architecture des pâtes. Cette effet d'imprégnation de l'eau par la farine en l'absence de la levure permet d'abaisser la pression au coeur de la pâte, la ténacité (P), de favoriser l'extensibilité et de ce fait le volume. C'est le même phénomène qui se passe dans les pâtes à cake lorsqu'elles séjournent 24h au froid. Après mis à température et cuisson, il se forme une bosse alors qu'autrement la pâte serait plate ou formerait un léger pic. Ceci dans le cas d'une utilisation d'une farine plus moins forte en protéines. Dans le cas d'une farine biscuitier, la pression (P) est bien moindre la bosse se produit sans passage au froid. (Voir image page 73)

En fait, contrairement à ce que l'on pense, c'est l'extensibilité (L) qui fait la force de la pâte en conjonction avec une certaine ténacité (P). En effet, prenons une farine avec une ténacité P=110 et une extensibilité L=80. La pâte n'a pas beaucoup de force, elle peut-être collante si on l'hydrate beaucoup. Le lissage est plus long. Elle ne démontre pas plus d'extensibilité que d'élasticité. A présent, réalisons une autolyse de 2h sur 4/5 de la farine.

Blé et farine   Les ingrédients

Au bout de 2h ajoutons le reste de la farine, la levure, le sel et l'eau. Et là surprise, la pâte à pris de la force car elle a gagné en extensibilité. Il est même nécessaire de l'hydrater davantage. Une analyse à l'alvéographe montrerait sans aucun doute une augmentation du W. Au final le pain qui en résulte est de meilleure structure et dans une certaine mesure de meilleure texture.

Est ce que les pâtes levées perdent leur extensibilité au cours de la fermentation comme le montre l'extensographe ?

Les expériences pratiques montrent que dans les conditions adéquates telles que décrites ci-dessus, l'extensibilité ne regresse pas dans le temps et pourrait même -dans certains cas- s'améliorer tandis que dans le cas où la levure est plus importante, la température plus élévée, la pâte davantage pétrie ce serait l'inverse qui se produirait. Cependant, l'élasticité ne transparaît pas toujours dans la pâte mais à la mâche. Une expérience a été menée avec une farine considérée comme possédant une bonne extensiblité et une forte ténacité. Sur 1h de fermentation avec 10g de levure par kilo de farine et un court pétrissage. Après la première heure de pointage, et un temps court de repos et de pousse, la pâte a été cuite en forme de galette (telle une pizza). Son élasticité n'était pas tant au niveau de la pâte, mais de la mâche, une très forte élasticité, alors que la même pâte après 2h de pointage a gagné en souplesse et la mâche était bien plus agréable. Sans doute, que dans les mêmes conditions, avec une quantité de levure plus importante et une température plus élevée, le phénomène se serait inversé.

En fait, plus la ténacité (P) est importante moins l'extensibilité est grande, plus la pression exercée sur la pâte est importante et de ce fait la pâte pourrait être moins aéerée, plus compacte. Il devient nécessaire d'hydrater davantage et de pétrir plus longtemps pour favoriser une certaine fluidité et diminuer la pression ou encore de procéder à des phénomènes d'imprégnation par autolyse ou par blocage de la pâte au froid pour un certain laps de temps, voire à favoriser de plus longue fermentation. Cependant, la méthode du pétrissage minimum et d'un long pointage reste encore la meilleure solution. D'autant plus, que dans pareil cas de figure la fermentation peut être prolongée sur une longue période, car la pâte ne s'étale pas. Il faudra éviter tout serrage et dégazage excessif pour préserver le maximum les bulles d'air et préférer de plus longs apprêts.

Une ténacité plus ou moins élevée et une extensibilité inférieure à 100 proche de 80, la pâte paraît inerte au cours de la fermentation alors qu'une farine avec une même ténacité mais avec une extensibilité (L) supérieure à 100 va montrer davantage d'activité. Les bulles seront plus nombreuses. Ce n'est pas une question d'enzymes puisque l'indice de chute dans pareil cas est très proche. C'est davantage l'exentsibilité qui joue son rôle.

La Pâtisserie du XXIe siècle : les nouvelles bases

Blé et farine — Les ingrédients

La grande différence entre les blés nord-américains et les blés francais est l'extensiblité et la teneur en protéines. En Amérique du Nord les blés sont plus riches en protéines et bien plus extensibles avec une ténacité (P) qui peut être moyenne à forte. En France, les farines sont moins riches en protéines moins extensibles avec une ténacité (P) de faible à moyenne même si cela est en train de changer. De ce fait, en France vu que l'extensbilité est moindre c'est bien souvent la ténacité qui fait varier le W alors qu'en Amérique du Nord c'est l'extensibilité qui fait davantage varier le W. C'est pourquoi en France le W est une valeur de référence et en Amérique du Nord l'extensibilité est une valeur phare.

Cependant tant soit en aux États-Unis qu'en France ont peut trouver des farines avec des P/L autour de 0.6 / 0.7 avec une ténacité(P) moyenne dépassant pas les 80 et une bonne extensibilité. C'est d'ailleurs ces farines qui devraient donner de bons résultats comme le montre le test de panification du blé français Bermude (Blé Panifiable Supérieur) qui a obtenu une excellent note pour 2012. De même, les hard winter wheat du midwest américain de 2012 obtiennent des résultats satisfaisants. En général, ces farines varient davantage autour d'un P/L de 0.7-0.8. Cependant pour un P/L de 0.66 (P=83 L=125) les blés hard red spring américains offrent de meilleur résultat pour ce qui est du volume et de la qualité de la mie. Selon la panification française un W 324 ne pourrait être considéré comme un choix. C'est donc là tout l'intérêt de la méthode que nous avons développée. C'est-à-dire avec un très faible pétrissage (moins de 4mn) et un long pointage et un court apprêt nous pouvons obtenir une baguette ou un pain de qualité optimum même avec des blés considérés comme des blés de force. Cela démontre toute la polyvalence du gluten et que le pétrissage même lent en artisanat n'est pas toujours la panacé et qu'il est préferable de s'en tenir au strict minimum pour le pétrissage. La pâte se formera d'elle même. Nos expériences sont là pour le démontrer.

Au vu des nombreux tests faits avec un nombre important de différentes farines, le P/L à l'alvéographe devrait se situer entre 0.6 et 0.7 maximum 0.8. avec une ténacité(P) moyenne à forte et de préférence inférieure à 90. Il a été difficile de déterminer un seuil minimum. Il semblerait que l'extensibilité (L) devient insuffisante plus elle se rapproche de la tenacité (P). D'autre part, plus l'extensibilité (L) s'éloigne de la ténacité (P), plus la pâte devient souple, et ce, en fonction de la grandeur de la ténacité (P). Dans le cas d'une bonne extensibilité supérieure à 100, plus le P est grand, plus il risque d'avoir plus de résistance (élasticité). Dans le cas d'une faible extensibilité inférieure à 100, l'élasticité, sera moins présente voire absente même en présence d'un ténactié (P) élevé.

Si en viennoiserie on préfère des valeurs W plus ou moins élevées, il faut qu'ils se maintiennent dans un P/L de 0.6-0.7 maximum 0.8. Pour le pain, il est certain que pour une facilité de manipulation, on puisse préfèrer une extensiblité plus courte avec une ténacité

Blé et farine Les ingrédients

(P) moyenne, mais cela ne demeurre pas pour autant une nécessité.

Comme cela sera vu dans le chapitre sur l'architecture des pâtes, l'astuce pour les pâtes est de trouver un équilibre entre viscosité et fluidité, pour avoir un développement adéquat de la pâte et une certaine légèreté du produit et ce quelques soient les farines, en autant que le rapport élasticité/ténacité soit équilibré ou de s'assurer de contrebalancer le déséquilibre en favorisant les éléments qui abaisseraient la viscosité (la pression, la ténacité) ou qui favoriseraient l'extensibilité. Sachant que dans le cas de produits levés riches en beurre, en oeufs et en sucre une ténacité(P) plus ou moins forte et une bonne extensibilité sont suggèrées.

France Dénomination Réglementaire		
Type de Farine	Taux de cendres	Taux d'extraction
T 45	< 0.5	70 %
T 55	0.5 à 0.6	75 %
T 65	0.62 à 0.75	80 %
T 80	0.75 à 0.9	82 %
T 110	1.00 à 1.2	85 %
T 150	>1.40	90 %

Amérique du Nord Dénomination utilisée principalement aux États-Unis		
Type de Farine		Taux d'extraction
Patent 40 % 80 %	Extra Short Patent	40 % 60%
^	Short Patent	60 % 80 %
	Medium Patent	80 % 90 %
	Long Patent	90 % 95 %
	Straight Patent	95 % 100 %
	Straight Flour est à un double emploi en meunerie et ne signifie pas toujours un taux d'extraction de 95% à 100%	

France
Dénomination du langage courant

Nom de la farine	Utilisation /Spécification
Farine de Gruau T 45 T 55 Blé medium-hard/ hard	Viennoiserie >12 % < 14 % protéines
Farine de Force T 45 T 55 Blé medium-hard/ hard	Viennoiserie /Pains spéciaux >12 % protéines
Farine de Tradition T 55 T 65 Blé medium hard	Pain / Baguette 9 % à 12 %
Farine Courante T 55 Blé medium soft/medium hard	Pain / Baguette / Pâtisserie 8 % à 11 %
Farine Biscuitière Blé Soft	Biscuiterie / Pâtisserie <= 11 %

Amérique du Nord
Dénomination Courante
ces farines sont toutes de type patent

Nom de la farine	Utilisation /Spécification
All Purpose / Tout Usage Pain Pâtisserie Viennoiserie	Blé Hard ou Hard & Soft 11% à 12% protéines Taux de cendre environ 0.44 - 0.48
Bread Flour / Farine à Pain Viennoiserie	Blé Hard de printemps 12 % protéines Taux de cendre environ 0.44 - 0.48
Artisan / Artisan Pain de type français	Blé Hard d'hiver 11 % à 11.8 % de protéines Taux de cendre environ 0.40 - 0.50
High Gluten Flour / Farine riche en gluten	Blé Hard de printemps > 12 % Taux de cendre environ 0.50 - 0.52
Pastry Flour / Farine à pâtisserie	Blé Soft 8 % à 9 % Taux de cendre environ 0.44
Cake Flour / Farine à gâteau	Blé Soft Blanchie et Traitée 7 % à 8 % Taux de cendre environ 0.34

La farine tout usage pour la restauration varie beaucoup d'une meunerie à une autre. Généralement, son gluten est moins fort que la farine à pain ou la farine artisan. Cependant, il est possible de l'utiliser pour tout usage comme son nom l'indique. Il est tout de même préférable pour la pâtisserie d'utilisée la farine à pâtisserie.

La farine à Boulangerie a un gluten bien trop fort pour être utilisé pour la réalisation de pain de type français. En fonction de ses capacités rhéologiques, elle pourrait convenir à la viennoiserie.

La farine Riche en Gluten est utilisée par l'industrie pour les bagels ou les buns. En boulangerie et pâtisserie, elle peut servir de farine améliorante

Saccharose

Les ingrédients

le saccharose (le sucre)

Le sucre participe à la structure et la texture des produits de pâtisserie. Il va fixer l'eau d'une préparation, favoriser le moelleux ou le fondant, participer à la coloration des pâtes et à la saveur des crèmes.

Modification du point d'ébulition.

Le sucre va agir sur le point d'ébullition et sur le point de congélation d'un produit. La quantité de sucre dans l'eau va augmenter la température d'ébullition en fonction de la concentration de sucre. Ainsi avec une quantité importante de sucre, le point d'ébullition sera supérieur à 100°C. De cette manière, il est possible de déterminer la température d'un sirop sans la nécessité d'un thermomètre en déterminant la quantité d'eau et la quantité de sucre nécessaire pour obtenir le degré désiré à ébullition.

Point d'ébulition du sucre	
% de Sucre	Température °C
75 %	108
80 %	111
85 %	116
90 %	122
95 %	130
Il existe des tables plus précises au gramme près	

Modification du point congélation.

La quantité de sucre permet d'abaisser le point de congélation. Ainsi dans une glace, l'ajout de sucre a pour conséquence que le produit gèlera à une température inférieure à 0°C.

Viscosité

Le sucre –en fonction de sa quantité– apporte une certaine viscosité aux préparations

Conservation

Le sucre va jouer un rôle dans la conservation des produits en fixant l'eau présente dans une préparation. Il permet d'abaisser l'activité de l'eau d'un produit (AW Water activity).

il ne faut pas confondre la teneur en eau et l'activité de l'eau d'un produit (AW water activity). L'activité de l'eau est un facteur critique déterminant la durée de vie des produits. L'activité de l'eau détermine la limite minimale d'eau disponible pour la croissance microbienne. C'est à partir de 0,90 AW que la plupart des microorganismes pathogènes sont susceptibles de se développer, si le produit est altéré ou que le processus de fabrication a été inadéquat. La durée de vie de ces produits est courte. Entre 0.87 AW et 0.5 AW le produit a une durée de conservation plus longue. Cependant, cette zone est susceptible au développement de levures

Saccharose — Les ingrédients

et de champignons dans le cas où le produit est en proie à des altérations ou à un défaut de fabrication. Au-dessous de 0,5 AW, il n'y a plus de développement microbien qui peut advenir et le produit est de très longue conservation. De nos jours, il existe des instruments qui permettent de mesurer cette activité sans avoir recours à un laboratoire. Certes, ces instruments sont encore chers et nécessitent un certain apprentissage, mais ils permettent plus aisément de mesurer les produits dont la durée de vie doit se prolonger au-delà de quelques jours, tels que les chocolats fourrés.

Action sur la fermentation

Le sucre agit sur la fermentation d'une part en nourrissant la levure et d'autre part en ralentissant son activité plus sa quantité est importante.

Action sur les saveurs

Le sucre renforce la saveur de la matière grasse, sauf dans le cas d'une préparation très sucrée supérieure à 36% du poids total. Le sucre diminue dans une certaine mesure l'acidité et permet de balancer l'amertume.

Action sur l'amidon et les protéines

Lors de la cuisson le sucre augmente la tolérance des protéines des oeufs et retarde la gélatinisation de l'amidon. Ainsi la température de gélatinisation de l'amidon peut passer de 60°C à 80°C.

Le sucre diminue la fixation d'eau par les protéines de la farine. C'est-à-dire dans une préparation contenant de l'eau, du sucre et de la farine, l'eau sera retenue en partie par le sucre et de ce fait les protéines n'auront pas toute l'eau nécessaire à former un réseau glutineux adéquat. Il est prétendu qu'au-delà de 50% de sucre du poids de la farine, le gluten ne se formerait plus. Cependant, les expériences pratiques montrent que la formation du gluten en présence du sucre est plus complexe.

Dans leur livre « Baked Products: Science, Technology and Practice » les auteurs Stanley P.Cauvain et Linda Young nous expliquent schéma à l'appui, l'impact du sucre sur le développement du cake

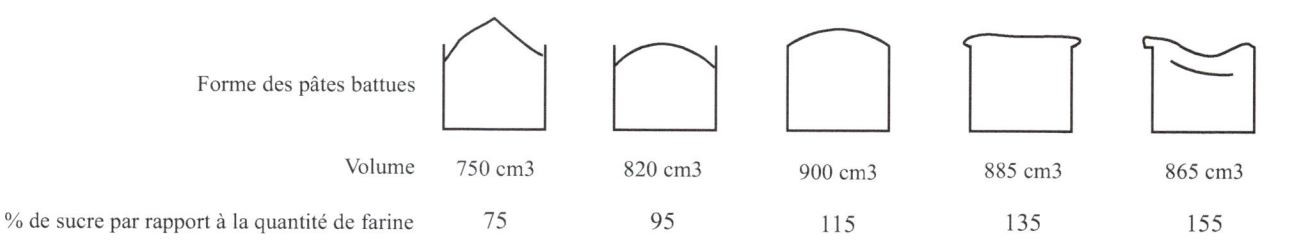

Forme des pâtes battues					
Volume	750 cm3	820 cm3	900 cm3	885 cm3	865 cm3
% de sucre par rapport à la quantité de farine	75	95	115	135	155

La Pâtisserie du XXIe siècle : les nouvelles bases

Saccharose — Les ingrédients

Ce schéma montre comment le sucre affecte le volume des pâtes battues en retardant la gélatinisation de l'amidon. Plus il y a de sucre, plus la gélatinisation est retardée, plus la pâte pousse et prend du volume. Cela signifie que ce n'est qu'à partir de 115% de sucre par rapport au poids de la farine que la température de gélatinistion est suffisamment retardée pour permettre au produit de pousser à son volume optimum.

Comment alors expliquer le pic qui survient à 75% de sucre ?

Ce pic pourrait s'expliquer par le fait que la gélatinisation est partiellement retardée. En fait la gélatinisation commencerait par les bords et finirait par le centre et expliquerait ce phénomène de pic, mais aussi l'effet de dôme et même le creux présent à 155%. Le temps que la gélatinisation se produise au centre de l'appareil, la pâte aura déjà poussée sous l'effet de la vapeur d'eau mais pas assez pour former un dôme ou trop pour se creuser.

Action sur le foisonnement

Le sucre permet de stabiliser et améliorer le foisonnement des mousses comme les blancs en neige. L'ajout d'une petite quantité de sucre en début de montage facilite le foisonnement et stabilise les blancs. Une étude présentée dans le compte-rendu du séminaire No 6 de gastronomie moléculaire INRA/Collège de France/ESCF du 12 avril 2001 montre que pour obtenir le meilleur compromis stabilité/foisonnement, il faudrait utiliser du sucre semoule en incorporant la moitié du sucre au début du mélange et l'autre moitié en fin de mélange. (Source : Étude de l'influence de la granulométrie du sucre dans les meringues ; travail effectué à l'ENSBANA (Dijon), avec la collaboration de mesdames Le Meste M. et Roudaut G. Février-Mars 2001) Même si cette étude concernait les préparations de type meringue, j'ai trouvé les conclusions suffisamment intéressantes pour les souligner.

La Pâtisserie du XXIe siècle : les nouvelles bases

Beurre — Les ingrédients

Le beurre

le beurre est la matière grasse la plus utilisée en pâtisserie. Le beurre apporte de la friabilité aux pâtes feuilletées et aux pâtes sablées et du moelleux aux pâtes battues et aux pâtes levées. Le beurre donne un goût unique aux produits de pâtisserie. Le beurre –en quantité importante– fragilise le développement du réseau glutineux et peut ralentir la fermentation. Dans le cas des pâtes battues, il alourdit les pâtes. Le beurre contient environ 16 % d'eau pour un beurre à 82% de matière grasse. En pâtisserie, et particulièrement en viennoiserie, les pâtissier préfèrent des beurres dit secs dont la teneur en eau ne dépasse pas 10 %, car ils sont moins cassants et donc plus crémeux, ce qui facilite le « tourage » ou encore des beurres fractionnés, c'est à dire que l'on a modifié les acides gras afin d'en augmenter le point de fusion et offrir une plus grande plasticité. Ces beurres fractionnés sont des beurres très fermes qui s'apparentent au beurre d'hiver sachant –du fait de la nourriture des vaches– que le beurre d'été est un beurre plus mou, mais aussi beaucoup plus riche en vitamine A que le beurre d'hiver d'où sa couleur plus jaune. (plus de détail à la page 151)

Aujourd'hui en pâtisserie l'utilisation de l'huile de beurre est de plus en plus fréquente. L'huile de beurre est la matière grasse du lait à l'état pur. C'est un produit préparé à partir de beurre ou de crème dont on a supprimé la plus grande partie de l'eau et des solides non gras. L'huile de beurre devient liquide à une température de 37° C et se solidifie en dessous de 17° C. L'huile de beurre offre bien des avantages qui devraient favoriser son utilisation.

Propriété de l'Huile de beurre

- pâtes plus friables;
- rehaussement de l'arôme et de la saveur des produits faits au four ;
- aide à l'incorporation d'air
- agente anti-rancissant (grâce à la dispersion et à la rétention d'humidité)
- agente du crémage
- rehaussement de la saveur
- aide à la dispersion du goût
- agente de lustre

(Source : www.ingrédientsLaitiers.ca / La Commission canadienne du lait)

Lorsque le beurre est remplacé par l'huile de beurre, il est nécessaire d'en diminuer la quantité et de compenser la quantité d'eau, car l'huile de beurre contient environ 99.8 % de matière grasse alors que le beurre est un produit contenant environ 82 % de matière grasse.

Oeufs — Les ingrédients

Les oeufs

Les oeufs seront vus plus en détail dans le chapitre des pâtes et de crèmes.

Quantité d'eau, de protéines et de matière grasse des oeufs.			
	Oeufs entiers	Jaune d'oeufs	Blancs d'oeufs
Eau	75%	50 %	88%
Matière Grasse	11 %	32 %	0 %
Protéines	12 %	17 %	11 %

Les chiffres varient d'une estimation à une autre. Ces chiffres représentent la moyenne
Si pour des raisons pratiques les pâtissiers utilisent 20g comme poids du jaune et 30g pour le blanc, la réalité se rapproche davantage de 18g pour les jaunes et 32g pour les blancs pour un oeuf moyen. C'est la mesure sur laquelle le livre se basera. Il est imperatif de peser ces oeufs et mieux encore de peser les jaunes et les blancs séparement même dans l'utilisation de préparations ou les oeufs nécessitent d'être entiers. En effet la différence de quantité de blancs d'un oeuf à un autre peut-être de 2g à 3g en plus, ce qui peut conduire à 10% de blancs de plus dans une préparation.

Les oeufs apportent de la structure aux pâtes et aux crèmes à cause de leur teneur en protéines.

Les blancs d'oeufs

Les blancs d'oeufs non montés peuvent donner une texture caoutchouteuse alors que les blancs d'oeufs montés peuvent donner une texture sèche.

Les protéines des blancs renforcent davantage la structure d'une pâte que les jaunes d'oeufs du fait de la capacité à agir comme un gel. Le blanc d'oeuf ne peut être remplacé par de l'eau sans ajuster, au besoin, la recette.

Les blancs d'oeufs montés permettent de transformer les produits auxquels il est ajouté en mousse

les jaunes d'oeufs

Les jaunes apportent du moelleux mais alourdissent la structure des produits auxquels ils sont ajoutés. Contrairement aux blancs d'oeufs, le jaune a un pouvoir de gélification bien moindre, il agit davantage comme agent de liaison. Dans les pâtes, l'apport important de jaunes d'oeufs rend la texture plus friable. Dans certains cas cela peut être considéré comme un avantage, par exemple dans le cas de sablés et dans d'autres comme un inconvénient dans le cas de pâtes battues. Les jaunes ont une capacité d'agir comme émulsifiant. Les jaunes d'oeufs apportent saveur et coloration

La Pâtisserie du XXIe siècle : les nouvelles bases

Malt et poudre de lait — Les ingrédients

Le malt diastasique

Le malt diastasique va contribuer à nourrir la levure. Dans le cas de levure osmotolérante, la levure consomme davantage le saccharose présent que le maltose, si celui-ci s'épuise, la levure se nourrira du maltose. Autrement, le maltose issue de la décomposition de l'amidon endommagé par les amylases, se verra partiellement transformée en sucre par la levure et apportera de la saveur au même titre que les acides aminés issus de la dégradation des protéines de la farine par des protéases présents dans le malt. Tous les sirops de malt diastasique ne contiennent pas de protéases. Il est important de noter que les enzymes amylases et protéases sont plus actives à haute température qu'à basse température et moins actives en présence d'une faible hydratation. De plus, les farines riches en protéines ayant un indice de chute élévé, indice qui mesure le taux d'enzymes (amylases) dans la farine, sont corrigées plus ou moins en meunerie par l'ajout de malt ou d'amylase fongique. De ce fait, en fonction de l'ajout fait à ces farines et l'indice de chute de la farine, la quantité de malt diastasique à ajouter aux pâtes levées sucrées est plus ou moins importante. En général 1% du poids de la farine est une bonne moyenne.

En fonction de l'indice de chute de votre farine, ou si vous préférez en fonction de l'activité diastasique de votre farine le choix de sirop de malt sera différent.

Pour une farine avec une faible activité diastasique ayant un indice de chute relativement élevé, il faut ajouté un sirop de malt diastasique avec un pouvoir enzymatique élevé.

Pour une farine avec une riche activité diastasique ayant un indice de chute plus ou moins bas, il est préférable d'ajouter un sirop de malt non diastasique.

Pour une farine avec une activité diastasique moyenne ayant un indice de chute moyen ni trop élevé, ni trop bas, il faut ajouter un sirop de malt ayant un faible pouvoir enzymatique.

La poudre de lait

La poudre de lait agit comme un élement de saveur et un élement de structure. La saveur est apportée par le lactose, un sucre qui n'est pas consommé par la levure. La lactose reste donc présente dans le produit. Le lactose favorise aussi la coloration. Les protéines du lait agissent comme émulsifiant et agent de foisonnement. Elles ont une forte capacité d'asborption. La dose de poudre de lait dans les pâtes levées ne devra pas dépasser 5%. Cependant, le lait affecte, en général, négativement le volume des pâtes, dû entre autres à certaines enzymes qui s'attaquent aux protéines de la farine. En Amérique du Nord, il existe des poudres de lait traitées à haute température qui évitent cet inconvénient. Finalement, le lait a un impact sur la texture et peut la rendre plus dense. La poudre de lait agit comme tamporisateur de l'acidité lors de longue fermentation et permet de stabiliser la fermentation.

Sel — Les ingrédients

Le sel

Le sel, le chloride de sodium NACl rehausse les saveurs, raffermit les pâtes en agissant sur l'élasticité du gluten, retarde l'assèchement et ralentit la fermentation.

Le sel est l'ingrédient le plus mal dosé en pâtisserie et en boulangerie. Il est souvent en excès ce qui nuit aux saveurs des produits. L'erreur la plus fréquente est de calculer la quantité de sel par rapport à la quantité de farine sans tenir compte de l'eau qui a une importance dans la diffusion de la saveur. De ce fait une nouvelle règle a été établie pour déterminer la quantité de sel dans les pâtes.

Poids de la farine + poids de l'eau * 1.05 % = Teneur en sel de la pâte

Une expérience a été menée pour accréditer cette thèse :

Il a suffi de faire 3 pains avec des taux d'hydratation différents avec un même pourcentage de sel soit 1.8% par kilo de farine.
Le 1er test avec 72% d'eau, le second avec 65% d'eau et le dernier avec 55% d'eau.
Une fois les produits cuits, les pains ont été soumis à un panel de dégustateur. les pains les moins hydratés sont les plus salés.

Important : Il est essentiel de mesurer le sel au dixième près et d'avoir de ce fait une balance de précision. Cela peut surprendre mais l'impact d'un dixième de sel est plus important qu'il n'y parait.

La saveur

À faible concentration, le sel rehausse la saveur sucrée du saccharose et à haute teneur il la diminue. De son côté le sucre diminue la sensation du sel quelle que soit sa concentration. Il a été suggéré par Mokowitz (Subjective ideals and sensory optimization in evaluating perceptual dimensions in food Moskowitz Journal of Applied Psychology 1972) qu'il est préférable de ne jamais doser le sel et le sucre à quantité égale, car cela ne permettrait pas aux saveurs du sel et du sucre de s'exprimer clairement.

La Pâtisserie du XXIe siècle : les nouvelles bases

Poudre levante — Les ingrédients

La poudre levante
(baking powder, levure chimique, agent levant, poudre à lever, poudre à pâte)

La poudre levante contient :

un élément basique, qui va générer le gaz carbonique, tel que le bicarbonate de soude

un élément ou deux éléments acides qui vont retarder ou accélérer l'action de l'élément basique

un élément neutre, de l'amidon, pour éviter à l'élément basique et l'élément acide d'être en contact direct .

Il existe deux types de poudre levante : une à simple action et une à double action. La poudre à simple action contient un seul acide et la poudre à double action contient deux acides. La poudre à simple action peut être à action rapide ou lente en fonction de l'agent acide qu'elle contient.

La poudre levante à simple action lente agira davantage lors de la cuisson, ce qui permet aux pâtes qui en contiennent de subir un temps de repos plus ou moins important . L'un des acides utilisée est le pyrophosphate de sodium, mais il en existe d'autres. Ce type de poudre levante est le plus courant en France.

La poudre levante à simple action rapide agira davantage au moment de son incorporation dans la préparation. La préparation doit être mise au four immédiatement. (Cette poudre levante est celle que l'on retrouve souvent dans la restauration au Québec) L'acide que l'on y retrouve est généralement le monocalcium de phosphate (il agit à 60 % dès qu'il est incorporé à la pâte et à 40% au four.)

La poudre à double action permet un temps d'attente plus ou moins long avant la mise au four, mais pas autant que la poudre levante à simple action lente qui peut prolonger son temps d'attente jusqu'au lendemain. Les acides utilisés sont composés à titre d'exemple de monocalcium de phosphate et de pyrophosphate de sodium. C'est la composition des deux éléments qui va déterminer la durée possible d'attente. Aux États-Unis, on retrouve dans ces produits des dérivés d'aluminium. Cependant de plus en plus de compagnies tendent à l'éradiquer de leur liste d'ingrédients.

Quelle que soit la poudre levante, il est important de ne pas dépasser la dose de 3% à 4% du poids de la farine au risque de nuire à la texture et à la qualité organoleptique de la pâte.

Levure — Les ingrédients

La levure

La levure de boulanger est une levure de type saccharomyces cerevisiae.

La levure se nourrit de préférence de sucres simples, entre autres, de glucose et de fructose présents dans la farine ou issue de la transformation du saccharose par une enzyme propre à la levure l'invertase.

Les sucres présents dans la farine sont généralement consommés dans la première heure de la fermentation avant de consommer le maltose issue de la transformation de l'amidon endommagé par les amylases, comme cela a été expliqué dans le chapitre sur la farine.

Selon les pays, les souches de levure sont différentes et entraînent une gestion différente du maltose.

Aux États-Unis et au Japon mais aussi dans certains pays de l'Est de l'Europe, la levure ne sait pas gérer le maltose. De ce fait, lorsque le glucose est épuisé la cellule de la levure va devoir développer les enzymes nécessaires à transporter et transformer le maltose en glucose. Entre la fin du glucose et la transformation du maltose, la fermentation va connaître un creux durant lequel la levure va s'adpater pour transformer le maltose. Si du saccharose est ajouté le maltose ne sera pas utilisé et le creux ne se produira pas

En France et dans les pays de l'Europe de l'ouest, la levure possède les enzymes nécessaires à transporter et à transformer le maltose en glucose et de ce fait ne connaît pas de creux d'adaptation. Cependant, il est nécessaire que la farine soit supplémentée en malt ou en amylase.

Pour les pâtes riches en sucre, il existe un autre type de levure, la levure osmotolerante qui va permettre à la fermentation de ne pas être entravée par l'excès de sucre et la faible hydratation. Avec une levure classique une trop grande quantité de sucre ralentit la fermentation. La levure classique ne peut supporter que 5% de sucre voire 10% et davantage pour les souches américaines. Au-dessus, la nécessité d'une levure osmotolérante devient indispensable. C'est pourquoi, les pâtissiers pour pallier leur levure déficiente ajoutent une quantité importante de levure à leur viennoiserie ce qui nuit à la qualité de leur produit. Le même travail pourrait être fait avec une quantité bien moindre de levure osmotolérante.

Chacune de ces souches peut avoir des vitesses de fermentation différente de lente à très rapide. Ainsi la levure Hirondelle Bleue utilisée par les boulangers en France est une levure lente, alors que l'Hirondelle rouge est une levure plus rapide.

La levure existe sous différents états. La levure fraîche, la levure instantanée (vermicelle) et la levure sèche active (billes).

Levure — Les ingrédients

La levure instantanée est ajoutée directement dans la farine. La quantité utilisée est trois fois moindre que la levure fraîche. La quantité de levure sèche active est deux fois moindre que la levure fraîche. Elle doit être dissoute dans l'eau à environ 35°C-37°C avec un peu de sucre avant d'être ajoutée à la pâte.

La levure instantanée entraîne une diminution du pétrissage, du fait de la présence du glutathion un agent réducteur qui fragilise le gluten. Cependant, si la levure instantanée est dissoute dans une eau à 35°C à 37°C ce phénomène de relâchement du gluten est minimisé. Cependant, une levure mal conservée, qu'elle soit fraîche ou instananée, entraîne la mort de cellules qui génèrent du glutathion. Il est important de bien conserver sa levure fraîche à 4°C et pour la levure instantanée de la conserver au réfrigérateur pour un maximum de trois jours –après ouverture du sachet– dans son emballage original ou alors de la conserver au congélateur dans un contenant herméthique pour une durée de trois mois.

La levure fraîche est reconnue pour être plus active que la levure instantanée.

La levure est au ralenti entre 0°C et 10°C. Au-dessus de 40°C la fermentation décroit et à 55°C la levure est morte.

La température idéale d'utilisation se situe entre 20°C - 30°C

Additifs — Les pâtes

Les additifs

Les additifs, voilà un mot qui suscite souvent la controverse particulièrement dans le milieu de l'artisanat. Combien de fois n'entendons-nous pas dire: les additifs c'est pour l'industrie. Les additifs font encore peur et sont souvent associés à des produits de seconde catégorie. Pourtant, bien souvent, ils sont essentiels.

La venue de la gastronomie moléculaire a changé notre vision des additifs même si les sceptiques sont encore nombreux. Elle a eu la vertu de nous apprendre à les connaître et à les utiliser. Malgré tout, il subsiste une réticence parmi beaucoup de professionnels. Pourtant, cela fait longtemps que les additifs sont entrés dans les laboratoires de pâtisserie sans que personne ne s'en offusque ou même s'en aperçoive. La lécithine fait partie du chocolat même si certains fabricants ont décidé de la retirer de la liste de leurs ingrédients. Le carraghénane se trouve dans la plupart des crèmes fleurettes. La gomme arabique la seule a être considérée à la fois comme un ingrédient et un additif est partie prenante de la confiserie. De la même façon, les stabilisants qui entrent dans la confection de produits de glacerie sont un cocktail d'additifs ou encore la pectine indispensable au pâtissier. Je pourrais ainsi énumérer bien des produits où ce qu'on appelle additif fait partie des ingrédients de base.

D'ailleurs, la tendance à redonner à ces produits, dont souvent certains sont aussi naturels que d'autres produits que nous consommons, une nouvelle virginité a entraîné un développement des additifs biologiques. Encore marginale, cette tendance est en train de se construire, car jusqu'à présent les produits biologiques ne pouvaient pas utiliser des additifs hormis certains d'entre eux comme la lécithine.

Les additifs ne devraient donc pas nous faire peur d'autant plus qu'ils sont souvent utilisés dans des quantités très faibles. Certes, tous les additifs ne sont pas des produits naturels et certains sont synthétiques, sans pour autant être moins bons. Il est donc important d'apprendre à mieux les connaître et de se renseigner sur leur utilisation et leur effet sur notre santé, et ce, même si les autorisations émises par les autorités nationales de chaque pays devraient nous rassurer sur leur consommation.

Cependant, la venue des additifs dans les grandes cuisines soulève des questions sur leur utilisation. En effet, beaucoup pensent que les produits de compagnies différentes sont interchangeables. Ainsi, on croit que le carraghénane Kappa d'El Bulli Texturas nous donnera le même résultat que celui de Kalys, alors que ce n'est souvent pas le cas. Beaucoup ignorent qu'ils existent, à l'intérieur même d'une catégorie d'additifs, différents sous-groupes. Ainsi, le sucro d'El Bulli Texturas correspond à un émulsifiant particulier des esters de sucre

Additifs — Les pâtes

(Sucrose Ester). Il faut donc apprendre à les distinguer et connaître leur utilisation qui ne correspond pas toujours à ce qui nous est proposé par les fiches recettes qui les accompagnent. D'autre part, je suis souvent surpris par les doses d'additifs utilisées par certains chefs. Parfois, la quantité est supérieure à ce qui est nécessaire à la réalisation de la recette, d'où la nécessité d'avoir une balance de précision pour avoir la juste dose.

Au vue de cette réalité, j'ai décidé de développer une nouvelle approche dans le choix des additifs, afin qu'ils correspondent à la réalité de la pâtisserie moderne et ne soient pas qu'un gadget à la mode. L'intérêt des additifs est avant tout de faciliter le développement de nouvelle technique et d'améliorer et enrichir les textures de nos produits

J'ai donc fait un choix selon les critères suivants :

1) les additifs supportent la surgélation/congélation et la décongélation,

2) les additifs sont naturels donc non synthétiques

3) les additifs ont la capacité d'offrir une texture agréable et de favoriser le goût des produits.

J'ai choisi d'indiquer les marques des produits utilisés pour être certain que vous obteniez le même résultat et, dans la mesure du possible, de vous indiquer le type de produits dont il s'agit afin de mieux vous guider dans vos choix si vous veniez à choisir une autre marque.

Pour leur performance et leur polyvalence, j'ai arrêté mon choix sur les additifs suivants :

Le carraghénane Iota,

L'ester de sucre

La lécithine de soja

La gomme de caroube

La pectine

Le xanthane

J'ajouterai à cela l'amidon modifié de manière physique ou chimique qui offre aux produits qui en contiennent la faculté d'être soit réchauffés, voire bouillis à nouveau, sans perdre son effet liant, soit être congelés puisque l'effet de synérèse n'existe pratiquement plus, soit encore d'agir comme agent de viscosité ou stabilisant.

À noter: l'amidon modifié n'est pas considéré comme un additif.

En Amérique du Nord, le produit – disponible en quantité raisonnable (1kg) pour les chefs –

Additifs Les pâtes

s'appelle Clearjel et Instant Clearjel, chacun ayant des particularités bien définies que cela soit pour la cuisson ou pour la congélation. Cependant, avant de choisir un amidon modifié vous devez vous assurer des caractéristiques de celui-ci, puisqu'il en existe pour différents usages.

À noter: il existe des amidons qui agissent uniquement comme liant avec une forte viscosité, tels que le tapioca, la farine de riz glutineux (Waxy Rice Starch ou Glutinous Rice Starch). Ces amidons ont la particularité d'augmenter le craquant dans les pâtes sablées et les pâtes à tartes.

Le carraghénane Iota. (en anglais : Iota carrageenan)

Numéro E407 selon la législation européenne

Marque utilisée Kalys El Bulli Texturas - (Le carraghénane Iota d'El Bulli Texturas donne un gel plus fort pour une quantité égale de produit. Il est probable qu'il ait été additionné d'un cation de potassium et ou de calcium pour favoriser la gélification en l'absence de calcium comme le fait l'industrie pour la réalisation de gelées ne contenant pas de produit laitier. Il faut donc être d'autant plus vigilant dans le dosage du produit. L'avantage est que cela facilite le travail des pâtissiers. Je vous conseille dans le cas de produits à base de lait ou riches en potassium et/ou calcium d'utiliser le produit de Kalys et dans les autres cas d'utiliser le produit d'El Bulli)

Quantité maximale : 1% (La dose peut dépasser légèrement cette limite que je me suis fixée et qui correspond à la proportion maximale utilisée généralement dans l'industrie.)

Le carraghénane Iota est issu d'une algue rouge. Il agit comme épaississant, gélifiant et stabilisant en plus d'avoir un pouvoir de rétention et de liaison de l'eau.

Il se dissout dans l'eau et dans le lait à une température de 75° C et supporte bien l'acidité. Il gélifie à température ambiante aux environs de 40° C.

Le carraghénane gélifie particulièrement bien en présence de calcium ou de potassium et perd de ses effets gélifiants avec le sodium. Les gels formés avec le carraghénane Iota sont thermoréversibles et supportent bien les phases de congélation et décongélation. Ces gels, lorsqu'ils sont faits à base d'eau, sont transparents et sont thixotropiques, c'est-à-dire qu'il suffit de secouer le gel pour qu'ils redeviennent liquide avant de se former à nouveau.

Le carraghénane Iota agit avec l'amidon et permet de multiplier par 10 le pouvoir de celui-ci. De ce fait, il est possible de créer des produits crémeux ou gélifiés avec très peu d'amidon et de carraghénane, ce qui offre la possibilité aux produits de mieux exprimer leur saveur.

La Pâtisserie du XXIe siècle : les nouvelles bases

Additifs

Les pâtes

Le carraghénane agit avec la gomme de caroube pour former un gel se rapprochant de celui de la gélatine. La quantité de gomme de caroube ne doit pas être plus élevée que la quantité de carraghénane. Lorsqu'ils sont en même quantité, le gel est moins fort et le produit est plus fondant. Pour ma part, je m'en tiens à une valeur de 2 pour 1, ce qui donne un bon compromis entre fermeté et fondant.

Le carraghénane agit avec la pectine de la même manière que la caroube, mais à la différence que les proportions sont inversées, soit pour 10g de pectine 5g de carraghénane. Pour cela, il est nécessaire d'utiliser une pectine hautement méthoxylée.

À noter : l'ajout de lactate de calcium en faible quantité permet au Iota carraghénane d'être plus réactif et de favoriser la formation d'un gel.

La pectine (En anglais Pectin)

Numéro E440 selon la législation européenne

Marque utilisée: Louis François.

Pectine Ruban jaune, Pectine NH, Pectine X58, Pectine NH325 (agit en présence du calcium)

La pectine est extraite de la pomme ou des agrumes. Elle agit comme gélifiant, liant, stabilisant et permet la rétention de l'eau. La pectine est sous-utilisée. On la cantonne souvent à la confiserie alors que les possibilités, qu'elle nous offre, lui permettent de répondre à divers applications.

Il existe principalement deux types de pectine, une hautement méthoxylée (HM) et une faiblement méthoxylée (LM).

La pectine hautement méthoxylée réagit le plus souvent au contact de l'acide avec un pH inférieur ou égal à 3 avec un minimum de 50 % de sucre.

La pectine faiblement méthoxylée réagit en présence de calcium, souvent après ébullition, et ne se préoccupe pas de la quantité de solide tel que le sucre, ni du pH.

Si la pectine faiblement méthoxylée gèle au contact du calcium, la pectine hautement méthoxylée gèle au-dessus d'une certaine température déterminée par son degré d'estérification (processus de transformation des pectines qui permet de classer les pectines hautement et faiblement méthoxylées). Ainsi, une pectine hautement méthoxylée avec un degré d'estérification fort nécessitera une plus haute température pour gélifier qu'une pectine hautement méthoxylée avec un degré bas d'estérification.

Additifs — Les pâtes

La pectine faiblement méthoxylée et amidée agit selon la quantité de calcium présent dans les fruits et elle est thermoréversible. La quantité de sucre nécessaire peut être inférieure à 50 %.

La gomme de caroube (en anglais : Locust Bean Gum / LBG)

Numéro E410 selon la législation Européene

Marque utilisée: Kalys.

Il n'est pas nécessaire d'utiliser un grande quantité pour avoir l'effet désiré. Il suffit dans certains cas de 0.1% pour obtenir une texture fondante.

La gomme de caroube est issue des graines du caroubier. Elle se dissout à une température supérieure à 80° C, voire à une température de 90° C. La gomme de caroube est reconnue pour ces propriétés épaississantes. Elle apporte ou augmente la viscosité du produit dans lequel elle est introduite. Elle permet de retenir l'eau et évite les effets de synérèse. Elle supporte la congélation/décongélation

La gomme de caroube améliore la texture des produits et sa saveur. Elle entre en interaction avec les carraghénanes et avec le xanthane pour former un gel.

À noter : la caroube est une légumineuse très utilisée au Moyen-Orient, et ce, depuis des siècles. Au Moyen-Orient, on prépare des mélasses à base de caroube, des sirops et bien d'autres préparations. La caroube a souvent été utilisée pour simuler le chocolat.

La gomme de caroube et le fruit du caroubier sont deux produits distincts.

Aujourd'hui, une cousine sud-américaine fait la concurrence à la gomme de caroube, la gomme de tara, elle est aussi issue d'une légumineuse provenant le plus souvent du Pérou.

L'ester du sucre (en anglais : Sucrose Ester / SE)

Numéro E473 selon la législation européenne

Marque utilisée : Sucro d'El Bulli Texturas. Ester de Sucre Palmitate.

Ce produit a un HLB de 15 et il est assez versatile. Le sucro doit être dissout dans l'eau puis porté à ébullition avant utilisation.

Les esters de sucre sont des émulsifiants très polyvalents, car ils offrent une large gamme de produits.

La Pâtisserie du XXIe siècle : les nouvelles bases

Additifs — Les pâtes

Les esters de sucre sont amphiphiles c'est-à-dire à la fois hydrophile et hydrophobe. C'est l'indice HLB (Hydrophile / Lypophile Balance) qui va déterminer leur particularité. Ainsi plus l'indice HLB est élevé plus l'ester de sucre est hydrophile. Entre 1 et 10 HLB le produit a une tendance plus lipophile et entre 11 et 20 le produit a une tendance plus hydrophile.

-Brioches et pain brioché.

À raison de 0.1 % à 1 % , il peut être ajouté à vos pâtes briochées. Il permet de mieux résister au plus long pétrissage. Il permet de retenir plus d'eau, de favoriser le volume des brioches, de leur offrir une belle texture et de conserver le produit moelleux. Il est particulièrement efficace pour les pâtes que l'on réfrigère ou que l'on congèle, car il leur permet de conserver toute leur qualité.

-Dans les glaces

A raison de 0.1 % à 0.3 %, il permet de favoriser l'émulsion, de renforcer la sensation de crémeux et d'offrir une texture très agréable au palais.

Je vous conseille de l'utiliser en combinaison avec la gomme de caroube pour d'excellents résultats. Si je me conforme au mélange de l'industrie, ajouter le Iota carraghénane ou de la gélatine permettrait d'obtenir un stabilisateur à glace parfait. Ainsi en menant à bien des tests vous pourriez créer un stabilisateur à glace qui correspond à vos besoins et qui donnera à vos glaces une texture et un fondant qui lui sont propres.

-Dans les mousses.

À raison d'un maximum de 0.5 %, il permet d'offrir un produit et une texture d'excellente qualité, plus besoin dans ce cas d'ajouter votre crème fouettée à votre mousse. Il suffit de l'ajouter liquide à votre crème anglaise ou à votre préparation de base et de partir votre batteur pour obtenir une mousse avec un excellent volume.

-Dans le chocolat

Même si ce type d'ester de sucre n'est pas celui le plus utilisé pour le chocolat, il permet d'agir comme émulsifiant. L'ester de sucre approprié permet d'éviter le blanchiment du chocolat et de diminuer légèrement sa viscosité.

-Dans les émulsions huile/eau (o/w)

L'ester de sucre est un excellent émulsifiant pour les liaisons huile dans l'eau. Cependant dans le cas des émulsions, il existe des esters de sucre bien spécifiques .

Additifs

Les pâtes

La lécihtine de soja en poudre (en anglais: Soy lecithin)

Numéro E322 selon la législation européenne

Marque utilisée : El Bulli Texturas - Kalys (HLB entre 3-5).

La lécithine est l'élément qui donne aux jaunes d'oeufs leur pouvoir émulsifiant. On retrouve aussi la lécithine dans d'autres produits comme le soja.

La lécithine est très utilisée dans la cuisine moléculaire, particulièrement dans la réalisation d'écumes.

Cependant, la lécithine a bien d'autres propriétés qu'une propriété moussante. Elle est un excellent émulsifiant et permet de stabiliser une vinaigrette et même une sauce.

Elle peut être ajoutée à des produits de viennoiserie et aux pâtes battues pour agir sur la texture et la conservation du produit un peu à la manière de l'ester de sucre. (Voir ester de sucre page 132)

La lécithine peut remplacer les oeufs dans un certaine mesure comme l'a démontré un chef italien en créant des gnocchis à base de lécithine. (Création du chef Ettore Bocchia del Grand Hotel Villa et du professeur David Cassi de l'Université de Parme)

Gomme de Xanthane (en anglais Xanthan Gum)

Numéro E415 selon la législation européenne

Marque utilisée : El Bulli Texturas   Kalys.

La gomme xanthane est issue d'une bactérie élevée en cuve (Xanthomonas campestris). La gomme de Xanthane est très polyvalente. Elle est utilisée à faible dose à cause à sa texture visqueuse. De plus, elle réagit mal avec les produits laitiers. Cependant c'est un produit qui résiste à presque toutes les conditions auxquelles il est soumis, que cela soit la chaleur ou l'acidité. En plus elle est un excellent stabilisateur, émulsifiant et agent moussant. Le xanthane se dissout à froid et résiste bien à la chaleur .

L'aspect le plus intéressant avec la gomme de xanthane est sa synergie avec la farine de riz et la gomme de caroube. Certaines études ont démontré qu'elle permettrait de renforcer la texture de la farine de riz et favoriserait la prise du gel. En ce qui concerne la gomme de caroube, elle permet de créer un gel à son contact. Le produit doit être soumis à l'ébullition pour que l'effet se produise. Il est souvent suggéré d'utiliser la gomme de xanthane et la gomme de caroube dans une proportion de 50% - 50%. Cependant si vous modifiez le rapport

La Pâtisserie du XXIe siècle : les nouvelles bases

pour 60 % de xanthane pour 40 % de caroube, la texture va changer. Le produit va se comporter entre un gel et une crème.

Conclusion

Les additifs sont des produits polyvalents. L'utilisation d'additifs doit obliger les pâtissiers à faire preuve de plus de précision car les additifs agissent à très faibles doses. Les pâtissiers doivent apprendre à reconnaître leurs avantages et leurs inconvénients afin de les utiliser de manière adéquate.

J'espère avoir rassuré les plus sceptiques afin qu'à votre tour vous puissiez les utiliser dans vos préparations pour renforcer la texture de vos produits et leur donner une caractéristique particulière pour faire de vos produits, des produits uniques.

Architecture des pâtes 63
Pâtes Friables 81
Pâtes Battues 95
Pâtes Levées 121
Pâtes Feuilletées 145

Les pâtes

Architecture   Les pâtes

L'architecture des pâtes

Ce chapitre va vous permettre –de manière générale– de mieux comprendre l'organisation de la matière au sein des pâtes et démystifier les phénomènes qui les gouvernent. Il faut souligner que la complexité des pâtes nécéssite encore beaucoup de recherches car la science ne répond pas à toutes les questions.

Les pâtes utilisées en pâtisserie

Les pâtes en pâtisserie sont définies par leur structure et leur texture.

La texture : qualité physique des aliments liée à leur densité, à leur viscosité, à leur caractère homogène, à leur dureté. Elle permet de définir si le produit est moelleux, sec, spongieux ou encore fondant.

La structure : agencement de divers ingrédients dont l'assemblage va aboutir à la création d'une unité cohérente.

L'organisation des ingrédients et leur proportion influencent les pâtes et permettent en partie d'expliquer le nombre impressionnant de recettes qui existent depuis le XIXe siècle dans la pâtisserie française. Ainsi pour une même structure, il est possible d'obtenir des textures différentes.

Les pâtes se regroupent dans au moins quatres catégories : les pâtes friables, les pâtes battues, les pâtes levées et les pâtes feuilletées.

Les pâtes friables :
pâte plus ou moins pauvre en liquide et plus ou moins riche en beurre, contenant plus ou moins du sucre, dont la texture peut être friable ou cassante. Utilisées particulièrement comme fond de tarte et comme base pour les sablés et les petits fours secs.

Les pâtes battues :
pâte à base d'oeufs, de beurre, de farine et de sucre dont la texture est plus ou moins moelleuse ou spongieuse en fonction de la quantité d'oeufs et de beurre. En France et en Amérique du Nord ces pâtes sont classées en deux groupes.

La Pâtisserie du XXIe siècle : les nouvelles bases

Architecture

Les pâtes

En France, les pâtes battues légères comprennent les biscuits. Le biscuit est un appareil contenant du sucre, de la farine et une quantité importante d'oeufs avec ou sans beurre et les pâtes battues lourdes dont la quantité de liquide est moins importante et la quantité de beurre plus importante.

En Amerique du Nord, il est question de low ratio cake ou high ratio cake. High fait référence à une quantité supérieure de sucre et de liquide et low à une quantité inférieure. Les biscuits sont dans une catégorie à part, les sponge cake.

Les pâtes levées :

pâtes sucrées ou salées contenant une plus ou moins grande quantité de beurre, d'oeufs, de lait ou de crème et de la levure. La panoplie de textures est importante même si le plus souvent le moelleux est la dominante. Si la France ne connaît aujourd'hui que la brioche, le baba et le kougelophf en plus de certaines spécialités régionales, le XIXe siècle offrait une vaste gamme de produits qui était souvent servie à l'heure du thé.

Les pâtes feuilletées :

pâtes très friables qui sont une superposition de couche de beurre et de pâte dont la composition se résume à de l'eau, du beurre, du sel et du sucre et peuvent contenir des oeufs ou de la levure dans le cas du croissant.

Structure des pâtes

En pâtisserie artisanale les émulsions / suspensions sont des phénomènes très courants mais peu étudiés du fait de leur grande complexité. Ces émulsions/suspensions sont souvent composées de matières grasses polymorphes comme le beurre ou le chocolat et d'aliments secs comme la farine et le sucre dont l'interraction et la température à laquelle ils sont réalisées influencent la structure, la texture et la saveur du produit final.

Les procédés utilisés en pâtisserie tiennent rarement compte de la cristallisation des matières grasses et se contentent, pour la température, de principes généraux. Quant à la notion d'émulsion et de suspension, si elle est abordée de manière théorique et parfois de manière pratique, elle s'en tient à expliquer les procédés déjà définis plutôt qu'en proposer de nouveaux. Son impact sur la saveur, la structure et la texture est rarement abordé. Cependant, comment peut-on avoir plein contrôle sur la confection de produits aussi complexes que la brioche s'il n'est pas possible de comprendre précisément l'interaction des ingrédients et l'impact du procédé sur la réalisation de ces produits. Certes, à l'heure actuelle, la science n'explique qu'une partie de ces phénomènes qui se traduisent, le plus souvent, par la mise en pratique de procédés destinés à l'industrie. Cependant, l'équilibre des recettes de l'industrie est bien différent de celui de l'artisanat. De ce fait, les questions qui concernent

Architecture

Les pâtes

les produits artisanaux doivent être abordées avec une optique différente, propre à un contexte qui favorise l'artisan à se distinguer de l'industrie plutôt que d'en se rapprocher. Aujourd'hui, les solutions qui sont proposées aux artisans sont souvent les mêmes que celles proposées à l'industrie, mais avec le laboratoire de recherche et développement en moins, ce qui conduit en quelque sorte à une standardisation du produit artisanal.

Pour avoir un meilleur contrôle sur son produit, l'artisan doit pouvoir intervenir sur les ingrédients et sur le processus, afin de faire les ajustements nécessaires. Les explications qui suivent lui permettront une meilleure compréhension des processus qui faciliteront la mise au point et la création de nouveaux produits.

L'émulsion

Une émulsion est une dispersion de deux liquides qui ne se mélangent pas (en science on parle de deux liquides non miscibles), l'un étant en suspension dans l'autre, telle que l'eau et l'huile, à laquelle on ajoute un tensioactif –ou agent de surface– qui permet à l'eau et à l'huile de créer un mélange homogène, car les tensioactifs sont des molécules amphiphiles, c'est-à-dire qu'elles sont à la fois hydrophiles et lipophiles et de ce fait peuvent s'accrocher autant à l'huile (lipophile) qu'à l'eau (hydrophile) et donc unir l'eau et l'huile.

Une émulsion peut être une émulsion de l'eau dans l'huile où la phase continue est l'huile et la phase dispersée l'eau, où de l'huile dans l'eau où la phase continue est l'eau et la phase dispersée est l'huile. Les émulsions de type mayonnaise sont des émulsions de type huile dans l'eau où l'eau est une partie du jaune d'oeuf ainsi que le vinaigre ou le citron, le tensioactif la lécithine et d'autres composés du jaune d'oeuf et où l'huile est la matière grasse. (pour plus de détails voir page 197)

La suspension

La suspension est une dispersion d'un solide dans un liquide dont la taille des particules est supérieure à 1 µm. Dans une suspension, les particules sédimentent sous l'effet de la gravité. Pour conserver, l'état de dispersion, il faut les "suspendre" par agitation mécanique ou blocage dans le liquide (utilisation d'un gélifiant). (*Bernard Cabane, Sylvie Hénon, Liquides: solutions, dispersions, émulsions, gels*).

Les suspensions, de même que les émulsions, ne sont jamais réellement stables, on parle d'état métastable c'est-à-dire qui n'est pas stable, mais dont la vitesse de transformation est tellement lente qu'elles ont l'apparence de la stabilité (*Définition: Centre National de Ressources Textuelles et Lexicales*)

La Pâtisserie du XXIe siècle : les nouvelles bases

Architecture

Les pâtes

Le polymorphimse des matières grasses.

Le polymorphisme est un état où la matière grasse se crystalise sous une certaine forme particulière et induit une modification des propriétés du produit sans pour autant modifier la composition chimique que peut avoir le produit dans son état liquide, une fois celui-ci fondu. Les formes les plus connues sont appelées α(alpha) β'(beta prime) β (beta). La forme beta est plus rare dans la matière grasse du lait. (B*ailey's Industrial oil and fat products six edition / Chapitre Fat Crystal Networks.*)

La forme β'(beta prime) (30°C) offre la meilleure plasticité pour la matière grasse du lait tandis que pour le chocolat la forme la plus adaptée est la forme β (beta) (34°C). Le chocolat comporte des phases intemédiaires entre la forme beta prime et la forme β (beta)

Tout changement de l'état de la matière grasse, par effet de refroidissement ou par effet de chauffage, entraîne une modification des propriétés de la matière grasse. Dès lors, fondre le beurre, le refroidir rapidement ou lentement ou le mettre en crème a pour effet de modifier le comportement de celui-ci. Ceci n'est pas seulement vrai pour le beurre, mais pour tous les aliments constitués d'acides gras possédant différents points de fusion comme la crème ou le lait ou le chocolat.

Exemple:

les acides gras du lait ont des points de fusion qui varient de -40°C à 40°C. À partir de 40°C, tous les acides gras sont à l'état liquide.

Pour le beurre, la fourchette de 10°C à 20°C est considérée la plus appropriée pour avoir un beurre tartinable. À ce stade 20% à 40% de la matière grasse est à l'état solide.

(*Advanced Dairy Chemistry Lipids*, P. F. Fox, P. L. H. McSweeney).

Si la plupart des pâtissiers connaissent le principe du tempérage du chocolat, celui du beurre n'est jamais abordé. Pourtant, un exemple simple suffit à démontrer que le beurre peut-être tempéré à la manière du chocolat.

Faîtes fondre le beurre à une température supérieure à 40°C. Mettez la moitié dans un contenant au réfrigérateur et laissez l'autre moitié descendre à température pièce avant de la mélanger jusqu'à que le beurre redevienne crèmeux. Mettez-le au froid. Après plusieurs heures de refroidissement, vous constaterez que le beurre mis directement au froid sera dur comme un morceau de bois, alors que le beurre mis en crème aura retrouvé la consistance que le beurre avait avant d'avoir été fondu. D'ailleurs, si au cours de l'étape qui suit la fonte du beurre, le beurre est mis au froid pour accélérer son refroidissement

Architecture — Les pâtes

avant le mélange, le beurre risque —en fonction de sa durée passée au réfrigérateur— de grainer et de ne pas donner la consistance crémeuse escomptée. Il faudra réchauffer le produit pour obtenir à nouveau la bonne consistance.

L'émulsion et la suspension en pâtisserie

L'émulsion

A présent que l'émulsion et la suspension ont été définies, que l'état des matières grasses a été expliqué, il est nécessaire de s'interroger comment constituer une émulsion avec différents ingrédients présents en pâtisserie, plus précisément le beurre et les oeufs; les ingrédients principaux des pâtes en pâtisserie.

Dans la plupart des pâtes on parle de crèmage du beurre et de l'ajout des oeufs pour générer une émulsion. D'ailleurs, tous les scientifiques ne s'entendent pas sur la nature de cette émulsion. Huile dans l'eau (H/E) ou eau dans l'huile (E/H) ? Mais y-a-t-il réellement une émulsion ? En effet, il est légitime de s'interroger si les acides gras contenus dans le beurre crémé —dont certains sont fondus, d'autres solides — peuvent former une réelle émulsion avec les oeufs ? D'autre part, doit-on considérer les oeufs entiers ou doit-on préférablement considérer les jaunes et les blancs d'oeufs séparément ? Il est reconnu que les blancs n'ont pas le même pouvoir émulsifiant que les jaunes. De plus, les blancs d'oeufs ont la fâcheuse habitude d'emprisonner la matière grasse une fois le produit cuit.

Pour réaliser une émulsion complète, il est préférable de partir avec des jaunes d'oeufs auxquels on ajoute 5% de leur poids en eau pour faciliter l'émulsion. Le beurre fondu à 40°C voire au-delà est dispersé dans le mélange pour générer une "vraie" émulsion des jaunes d'oeufs et de la matière grasse du lait contenu dans le beurre. Dès lors sera créé un nouveau produit issu de l'émulsion des jaunes et du beurre et non une combinaison de beurre et de jaunes d'oeufs partiellement émulsionnée comme avec le crémage. Cette émulsion en arrivera à une texture crémeuse selon la durée du mélange. Une fois refroidie au réfrigérateur, elle aura plus ou moins la texture du beurre. Il est à noter que pour cette expérience, le beurre a été clarifié.

> Pour clarifier parfaitement le beurre, il faut chauffer celui-ci suffisamment jusqu'à ce que les matières sèches du lait remontent en surface et puissent être retirées en une ou deux fois. Ensuite, baisser le feu pour permettre à l'eau présente dans le beurre de s'évaporer. Lorsque le beurre ne chantera plus, l'eau se sera évaporée. Le produit obtenu sera un liquide jaune, parfaitement transparent, qui donnera une agréable saveur et odeur au produit.

La Pâtisserie du XXIe siècle : les nouvelles bases

Architecture — Les pâtes

En pâtisserie, le jaune d'oeuf est souvent associé au sucre. La présence du sucre dans les oeufs change considérablement l'émulsion car cette fois l'émulsion est jumelée à une suspension. Dans ce cas précis, l'ordre d'incorporation du sucre est crucial. En effet, vouloir ajouter le sucre une fois l'émulsion réalisée entraînera une spération de l'émulsion, car le sucre est hydrophile et donc il séquestre l'eau nécessaire au maintien de l'émulsion. De ce fait mettre le sucre et le mélanger au jaune d'oeuf permet à l'émulsion d'être plus stable, à condition que les jaunes d'oeufs et le sucre soient parfaitement bien mélangés. C'est-à-dire que le sucre s'est bien dissous. Même avec une quantité importante de matière grasse, l'émulsion ne va pas se rompre du fait que le sucre permet –en partie– la stabilité de l'émulsion. Il est donc légitime de se demander si l'émulsion a réellement lieu ou si c'est la présence du sucre qui permet au mélange de se maintenir ? Une expérience permet d'élucider la question, du moins partiellement. Mélanger une faible quantité d'eau, pas plus de 5g, à du sucre dans la proportion de 25g . Ensuite ajouter 25g d'huile au fur et à mesure, comme cela se ferait pour une mayonnaise. Les proportions huile, sucre, eau sont équivalentes à celle d'un quatre-quarts

> **Quatre-quarts** : pâte battue contenant des oeufs, du beurre, du sucre et de la farine en proportion égale.

Les premiers ajouts d'huile dans le mélange eau/sucre permettent de constater un phénomène similaire à l'émulsion et ce jusqu'à ce que l'huile arrive à saturation et ne se mélange plus à l'ensemble, sauf si l'on rajoute de l'eau ou du sucre ou de l'eau et du sucre pour rétablir l'équilibre au sein du mélange. Après un certain temps de repos, l'ajout d'eau va entraîner une certaine séparation. Dans le cas d'un quatre-quarts, il n'est pas possible d'augmenter les proportions de sucre et d'eau. Dans ce cas c'est le jaune d'oeuf qui permet de stabiliser le surplus de matière grasse, ce qui donne un aspect luisant à l'émulsion jaune, sucre, beurre. En conclusion, le jaune dans un mélange sucre et beurre –dans le cas ou le sucre est présent dans une certaine quantité– joue davantage le rôle de stabilisateur de la matière grasse qu'un rôle d'émulsifiant, du fait que le sucre empêche –partiellement– l'émuslion de survenir. L'émulsion est partielle ou incomplète. D'ailleurs si le beurre est remplacé par l'huile, l'émulsion ne devient pas crémeuse comme pour une mayonnaise du fait, entre autres, que l'eau nécessaire à l'émulsion est séquestrée par le sucre. Par contre, si la quantité de sucre est considérablement diminuée ou si la quantité d'eau et la quantité de matière grasse sont augmentées, la liaison de l'eau et de l'huile devient plus convaincante et l'émulsion se stabilise pour devenir crémeuse.

Le fait que l'émulsion soit partielle est confirmée par l'étude du professeur Belle Lowe dans son livre Experimental Cookery qui explique qu'une émulsion des oeufs et du beurre donne une texture inadéquate à un cake (cake : produit similaire au quatre-quarts). D'ailleurs, il

Architecture — Les pâtes

suffit de faire un quatre-quarts où les jaunes d'oeufs et le beurre sont émulsionnés avant d'ajouter la farine, le sucre et les blancs d'oeufs pour sans rendre compte. De ce fait une émulsion complète qui aura cuite ne permettra donc pas d'obtenir un produit adéquat sauf si elle rompue ou partielle.

Cette émulsion partielle ou suspension/émulsion jaune/sucre/beurre est d'ailleurs bien plus complexe qu'il n'y paraît car la consistance de l'émulsion change la texture et dans une certaine mesure la structure du produit final. Déjà une émulsion qui ne devient pas crémeuse est-elle une émulsion ? Il suffit de penser au lait ou à la crème qui sont des émulsions liquides. Cependant dans le cas de notre beurre fondu, l'émulsion est interférée par les granules de sucre et par l'air introduit lors du mélange jaune/sucre. D'autre part, lorsque l'émulsion finit par devenir crémeuse, il faut se demander si le phénomène est dû à l'émulsion ou bien est-ce davantage dû aux acides gras du beurre qui se solidifient et permettent à celui-ci de retrouver sa texture ? Ce durcissement est bien du aux acides gras du beurre. Il a été vu précédemment qu'un beurre fondu, mis au réfrigérateur, devenait solide et perdait toutes les caractéristiques qui font de lui un beurre, alors que si celui était refroidi lentement, il retrouvait son état crémeux. C'est le même cas qui se produit avec notre suspension/emulsion jaune/sucre/beurre, à la différence que la suspension/émulsion qui n'est pas devenue crémeuse puis qui est mise au réfrigérateur ne durcit pas. La présence des particules de sucre et la présence d'air ne sont pas étrangère à ce phénomène. A titre d'hypothèse, la présence importante du sucre doit priver les particules d'acide gras de se rassembler et prévient la cristallisation de la matière grasse, puisqu'il y a davantage dispersion du beurre liquide dans le sucre qu'une émulsion jaune/beurre. La faible émulsion qui se produit et les effets d'imprégnation, de dissolution et de dispersion des matières permettront une consistance plus crémeuse après le passage au froid et moins liquide qu'au moment de sa mise au réfrigérateur. En effet, le sucre va se dissoudre davantage. La faible émulsion qui a pu avoir lieu va se consolider et les acides gras qui ont pu se cristalliser vont reprendre une forme plus ou moins solide en fonction de leur spécificité. Cette émulsion pourrait servir de base à de nombreuses pâtes et être préparée à l'avance.

En pratique

La dispersion

la dispersion d'un ingrédient dans un mélange doit se faire de telle manière que celui-ci soit distribué le plus équitablement dans le mélange. Ceci se produit lorsque le mélange est prolongé durant un temps plus ou moins long afin de permettre une unité de l'ensemble. Cependant, il est possible qu'un mélange court permette une bonne dispersion, après un

Architecture   Les pâtes

temps plus ou moins long de repos du, entre autres, à ce que les liquides finissent par imprégner davantage les ingrédients comme la farine. Cette imprégnation permet une meilleure répartition des éléments dispersés dans les liquides.

La suspension

Les particules, qui composent un ingrédient, sont dispersées dans un mélange de telle manière à ce que ceux-ci restent en suspension et ne descendent pas dans le fond de la préparation. Cela ne se produit que si les particules sont dispersées dans un mélange ayant une viscosité suffisante pour maintenir les particules en suspension. Dans le cas des pâtes battues cela se produit si le beurre est en crème ou l'émulsion jaune/beurre/sucre est crèmeuse ou encore en présence de blancs d'oeufs montés et stabilisés avec du sucre. Le plus souvent c'est la farine que l'on souhaite maintenir en suspension pour avoir un mélange aéré. Dans le cas des fruits, que l'on souhaite maintenir en suspension dans les pâtes battues, il faut s'assurer que la viscosité du mélange, dans lequel ils sont ajoutés, maintienne une certaine viscosité au cours de la cuisson. C'est pourquoi généralement on diminue la quantité de sucre, de matière grasse et parfois la quantité de liquide.

L'imprégnation et l'hydratation

La capacité d'une matière telle que l'eau ou l'huile d'imprégner une matière plus ou mois solide telle que la farine.

> **Imprégnation** : pénétration d'une substance fluide dans la matière d'un corps à l'intérieur duquel elle se répand de façon diffuse. (*Définition: Centre National de Ressources Textuelles et Lexicales*)
>
> **Hydratation** : fixation des molécules d'eau sur un corps.

J'ai choisi les deux termes car si l'eau hydrate la farine, l'huile l'imprégne. L'imprégnation est une image plus significative que de mentionner que l'huile s'est dispersée dans la farine.

La dissolution

Processus par lequel une substance solide, liquide ou gazeuse mise au contact d'un liquide ou d'une source de chaleur passe à l'état de solution. (*Définition: Centre National de Ressources Textuelles et Lexicales*). Une solution est le mélange de deux ou plusieurs corps présentant une seule phase. On parle alors de mélange homogène. L'eau et le sucre ou encore l'eau et le sel.

De ce fait, on parle davantage de la dissolution du sucre dans l'eau et de la dispersion de l'huile dans l'eau puisque l'huile et l'eau ne forment pas un mélange homogène.

Cependant cette notion d'homogèneité reste relative car cela dépend toujours à quelle échelle on observe une préparation.

Architecture

Les pâtes

La granulométrie

La granulométrie : Mesure de la dimension des particules qui constituent un ensemble(*Définition: Centre National de Ressources Textuelles et Lexicales*)

La farine, en fonction de sa granulométrie, va se disperser de manière lente ou rapide dans un liquide et l'imprégnation de ses particules par le liquide va être plus ou moins rapide. Une granulométrie moyenne comme celle de certaines farines de riz (farine de riz granuleuse) permet une meilleure dispersion de la farine dans l'eau, mais une imprégnation plus lente. Une granulométrie plus fine permet une dispersion plus lente dans l'eau mais une imprégnation plus rapide des particules de la farine. Plus une farine est fine, plus elle s'imprégne rapidement, plus sa dispersion dans l'eau est lente et moins homogène. Une farine fine est souvent en relation avec son taux de protéines. Plus le taux de protéines est faible, plus la granulométrie est fine. Une meilleure imprégnation favorise aussi une meilleure émulsion et une meilleure dispersion des saveurs. De ce fait, le temps de repos au froid des pâtes levées et même des pâtes battues permet bien souvent une meilleure imprégnation des éléments.

Le sucre

Les deux images montrent bien l'impact que peut avoir le sucre sur la coloration d'un quatre-quarts et ce en fonction de la méthode choisie pour le réaliser.

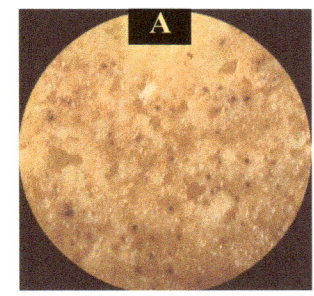

Produit cuit sans repos 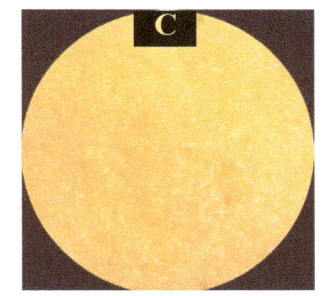 | Produit cuit après repos

L'image A, le quatre-quarts est réalisé avec une émulsion jaune/beurre/sucre contenant 50g de sucre cristallisé pour 18g de jaunes et 6g d'eau. L'image B, le quatre-quarts est le même produit après un séjour d'au moins 6 heures au réfrigérateur.

Les petits points foncés ne sont pas dus uniquement à la granulométrie du sucre cristallisé, dont les grains sont plus gros que le sucre semoule, puisque l'expérience a été refaite avec le sucre glace pour obtenir le même résultat. Ce phénomène est reliée à la dissolution du sucre. Dans un jaune d'oeuf de 18g à 20g avec 1% à 3% d'eau, 50g de sucre ne peut se dissoudre parfaitement bien, alors qu'avec 40g de sucre la dissolution est bien meilleure et

Architecture

Les pâtes

les petits points foncés tendent à disparaître. Il est important que le mélange sucre/jaune conserve une certaine fluidité et ne devient pas une masse solide, ce qui peut se produire plus on augmente le sucre. D'autre part, le fait que les blancs d'oeufs soient montés en neige ne permet pas au sucre prisonnier dans l'émulsion d'être au contact de l'eau des blancs d'oeufs, d'autant plus si celui-ci est stabilisé par l'ajout de sucre. Dans le cas de cette expérience, les blancs d'oeufs en neige ne contenaient pas de sucre. Ils étaient moins stables. Ils se sont partiellement désagrégés au cours du mélange. Avec un repos de 30 mn à température pièce avant enfournement, les points foncés disparaissent. L'eau des blancs d'oeufs est entrée en contact avec le sucre et a favorisé la dissolution du sucre qui n'avait pas eu lieu.

L'absence d'uniformité de la couleur est due à une une dissolution incomplète du sucre. Lors du passage au froid, le temps a favorisé une meilleure dissolution et de ce fait une meilleure dispersion dans le mélange. Cependant si les blancs d'oeufs en neige avaient été montés avec du sucre, la période au froid ne permet pas l'uniformisation de la couleur. L'eau des blancs est stabilisé par le sucre qui favorise le maintien de la mousse. La méthode du crémage (mélange du sucre avec le beurre en crème, puis ajout des oeufs et de la farine) permet une couleur plus uniforme du fait que cette fois les blancs sont à l'état liquide. La couleur est cependant plus foncée que le quatre-quarts de l'image B. L'intensité de la coloration doit être due en partie à la dissolution du sucre, plus il se dissout plus la couleur pâlie. L'autre explication pourrait être due à l'effet du choc thermique qui se produit au moment de la cuisson qui ne permet pas une coloration complète du produit.

La granulométrie du sucre a une influence sur la capacité d'introduire de l'air lors de l'émulsion ou lors du crémage. Le choix d'un sucre semoule est préférable à celui d'un sucre cristallisé ou d'un sucre glace. (CEDUS L*e* C*entre d'*É*tudes et de* D*ocumentation du* S*ucre*)

La farine

La granulométrie et la teneur en protéines des farines auront un impact sur les pâtes comme le montre la photo de la page suivante

Dans les pâtes battues, le fait de choisir une farine faible en protéines de type biscuitier ou de blé soft (farine à pâtisserie Amérique du Nord) va permettre d'avoir une farine à plus faible granulométrie et expliquer en partie ces différences (B*aking Problems Solved -* S *Cauvain,* L *Young*). Une farine à fine granulométrie permet une dissolution plus rapide de la farine. D'autre part, les protéines et la teneur en amidon endommagé vont avoir aussi leur importance en affectant la texture et la structure du produit, particulièrement lorsqu'il s'agit de pâtes friables et de pâtes battues. En l'absence de farine à biscuiter ou de farine de blé soft, il est possible de remplacer une part de la farine par de la fécule de riz ou encore de la farine de riz poudreuse.

Architecture

Les pâtes

Farine Type 55 Rétrodor
Farine médium hard et hard

Farine de blé biscuitier /
Farine soft

Pour la farine de riz, éviter d'aller au-delà de 30%. Entre 20% à 30% reste une bonne alternative mais ne permet pas d'obtenir tout à fait le même produit qu'avec une farine biscuitière de blé soft (farine à pâtisserie Amérique du Nord). Dans le cas de pâte sablée, une farine plus granuleuse comme peut l'être certaines farines de riz permet d'apporter du craquant à la pâte. Quelle que soit la pâte, l'élément fondamental pour la structure du produit est l'extensibilité de la farine

La maturation après cuisson

La maturation après cuisson, soit environ 12h, permet à la pâte de retrouver sa pleine structure et renforcer la saveur. La réalisation d'une pâte de type baba avec 50g d'oeuf, 40g de farine, 40g de beurre, ainsi que du sel, du sucre et de la levure permet de le démontrer. La coupe du gâteau après cuisson donne une mie humidifiée par le gras comme une éponge imprégnée d'huile. La raison est liée à la gélatinisation de l'amidon. L'amidon se transforme à la cuisson en gel, ce gel comme tout gélifiant nécessite un refroidissement conséquent pour trouver sa texture finale et emprisonner la matière grasse. Cette matière grasse qui est du beurre trouve au cours du refroidissement une part de sa solidité du fait que les acides gras qui la composent se cristallisent partiellement. Le refroidissement doit se faire dans un environnement d'environ 20°C à 21°C. Le fait de couper le produit avant le refroidissement complet altère le produit. Le baba coupé le lendemain est à peine gras comparé à celui coupé après la cuisson. Le fait que la texture se stabilise et prend corps permet aussi une meilleure expression des saveurs qui ont pu s'imprégner et se disperser davantage dans le produit. Cette maturation est aussi bien valable pour les pâtes levées que les pâtes battues.

La Pâtisserie du XXIe siècle : les nouvelles bases

Conclusion

Les pâtes s'apparentent à un jeu de construction où la solidité de l'édifice est liée à la bonne organisation des ingrédients. Quelles que soient les pâtes, c'est le rapport eau/beurre/sucre qui est déterminant dans la structure et la texture qui en résulteront. Ces trois éléments sont intimement liés, car le changement de l'un d'eux suffit à modifier l'équilibre du produit, sa texture et sa saveur. Dans les prochains chapitres, la structure et la texture de chacune des pâtes seront vues en détail.

Nouveau procédé pour la réalisation des pâtes en pâtisserie

Ce nouveau principe d'émulsion, abordé dans le chapitre concernant l'architecture des pâtes, va pouvoir offrir aux pâtissiers une flexibilité de travail avec une méthode qui peut se préparer à l'avance et être utilisée au besoin en fonction des pâtes à réaliser.

La nouvelle méthode va avoir pour socle une émulsion huile dans l'eau dans laquelle sera dispersée une matière solide, la farine, et une matière liquide ou aérée, les blancs d'oeufs.

L'émulsion (émulsion-suspension)

Les jaunes d'oeufs sont battus avec le sucre jusqu'à que ces derniers blanchissent. Il faut obtenir un appareil moussant (voir photo page 119). Ensuite la matière grasse fondue –à une température donnée– est incorporée, comme cela se ferait pour une mayonnaise, afin d'obtenir un mélange homogène qui devra rester crémeux pour faciliter la dispersion de l'élément solide et liquide.

Le mélange du sucre dans les jaunes d'oeufs va permettre d'incorporer de l'air et stabiliser l'eau des jaunes d'oeufs.

Facultatif : l'ajout de 3g à 5g d'eau pour 20g de jaunes d'oeufs permet après un mélange suffisant d'obtenir un produit aérien et mousseux. L'ajout de la matière grasse fondue à ce mélange s'incorpore mieux encore, que si l'eau n'avait pas été ajoutée, sans pour autant perdre totalement le volume obtenu. Un tel mélange modifie considérablement la texture du produit et lui procure une grande légèreté. Le volume de ce mélange sera en corrélation avec la quantité de sucre ajoutée aux jaunes d'oeufs.

L'ajout d'eau nécessite de rééquilibrer la recette pour maintenir le rapport entre les matières solides et les matières liquides. L'ajout d'eau permet d'apporter la fluidité nécessaire à faire entrer plus d'air.

L'ajout de beurre n'entraînerait, probablement, pas l'effondrement de la mousse du fait de la présence des jaunes d'oeufs qui permet de stabiliser la matière grasse. Selon une étude japonaise (Effect of Butter Temperature on the Quality of Egg Foam for Baking Sponge Cake. MAEDA TOMOKO, ASAKAWA TOMOMI, MORITA NAOFUMI), lorsque le beurre chaud –supérieur à 40°C– est introduit dans le mélange des oeufs entiers montés avec du sucre, les bulles d'air se maintiennent et la stabilité de la mousse est améliorée. Par la même occasion, cela favoriserait le volume du produit. Cette capacité est accrue plus le beurre est chaud.

Cependant, le mélange des jaunes et du sucre uniquement lorsque le beurre est chaud permet une moins bonne stabilité de la mousse, même s'il permet de maintenir les bulles d'air dans le mélange. De ce fait, l'ajout d'eau pourrait peut-être améliorer la stabilité —sans doute pas autant que les blancs d'oeufs— et expliquerait les résultats obtenus avec l'eau.

Le fait de fondre la matière grasse et de maintenir à une température autour de 23°C à 28°c va permettre d'obtenir un meilleur foisonnement que de crémer le beurre comme il est souvent prescrit. La matière grasse fondue permet d'incorporer plus d'air, mais permet de le maintenir moins longtemps, alors que la matière grasse à l'état plus crèmeux permet de faire entrer moins d'air mais de façon plus stable. (Food Colloids Eric Dickinson). La température entre 23°C et 28°C est un bon compromis. Le résultat est d'autant plus probant que le beurre est clarifié.

Cependant, dans certains cas une température plus élevée peut être intéressante. Cela est vrai à condition que la quantité de beurre, ne soit pas trop importante. En effet, au vu des tests menés sur les différentes concentrations d'eau et de beurre à des températures différentes, il est apparu que plus la concentration de liquide est faible, et plus la quantité de beurre est grande plus la température devait se rapprocher des 25°C, alors que plus la quantité de liquide est importante et plus la quantité de beurre est faible plus la température devait se rapprocher des 40°C voire au-delà.

Il est à préciser que la quantité de liquide est inversement proportionnelle à la quantité de matière grasse pour un meilleur équilibre des pâtes, même si cette proportionnalité varie en fonction du type de pâte.

Au vu de ce qui a été énoncé précédemment le mélange de jaunes d'oeufs, de sucre et de beurre n'est pas une émulsion au sens strict de l'émulsion.

L'avantage de créer une émulsion avec le beurre permet d'éviter d'ajouter le beurre fondu en fin d'utilisation et ainsi d'obtenir une meilleure cohésion de la structure. D'autre part, en présence de blancs d'oeufs, le beurre fondu va avoir tendance à faire tomber la mousse, car il s'attache aux groupes hydrophobes des protéines du blanc d'oeuf.

Cette émulsion a la particularité d'offrir une flexibilité quant à son utilisation en jouant simplement sur la température de la matière grasse. Ainsi, il est possible de créer une émulsion qui se maintienne à l'état crémeux au froid et être utilisée au besoin. Il sera possible de rajouter des jaunes d'oeufs, du beurre et du sucre pour l'enrichir en fonction des préparations.

Le principe est de réaliser l'émulsion avec des jaunes d'oeufs froids et un beurre chaud au-delà de 50°C, sans prolonger de trop la durée du mélange afin d'éviter que le beurre ne devienne une crème onctueuse. Le produit obtenu pourra alors se conserver au froid ou être mis sous vide en vue d'une éventuelle surgélation. Bien entendu la durée du mélange dépendera aussi de la quantité à réaliser. Le produit pourra être réchauffé au bain-marie ou au micro-onde en fonction de la température souhaitée et de la pâte à préparer.

Dans le cas où il faut enrichir le produit, il existe trois possibilités

Enrichissement en jaunes d'oeufs

Les jaunes sont ajoutés aux blancs d'oeufs montés pour les pâtes battues (cake et biscuit) avant d'être introduits dans l'émulsion comme il sera décrit dans le mode de réalisation.

Pour les autres pâtes, les jaunes sont introduits en fin de préparation.

Enrichissement en jaunes d'oeufs et en sucre

Fouetter les jaunes d'oeufs et les blancs d'oeufs avec le sucre ou procéder comme pour l'enrichissement des jaunes d'oeufs en introduisant soit le sucre en partie dans les jaunes, soit en partie dans les blancs. Dans le cas où le sucre est ajouté aux jaunes d'oeufs, ajouter les blancs dans les jaunes d'oeufs. Introduire la préparation dans l'émulsion.

Pour les autres pâtes, les jaunes sont introduits en fin de préparation et le sucre est dissout dans les liquides

Enrichissement en beurre

Ajouter le beurre fondu à l'émulsion tempéré en ajoutant au préalable un peu d'eau en fonction de la quantité de beurre à ajouter.

L'émulsion de base qui pourrait se conserver au réfrigérateur serait composée comme suit :

500g de jaune 400g de beurre 300g de sucre

42% de jaune d'oeuf 33% de beurre 25% de sucre

Dans le cas de la brioche ou des pâtes friables, il n'est pas nécessaire de réchauffer le mélange. L'émulsion sera rajoutée avec le beurre de la recette à la farine pour réaliser un sablage (voir méthode de la brioche page ...)

Méthodologie

Fondre le beurre ou utiliser de l'huile de beurre ou du beurre clarifié.

Mise à température du beurre en fonction du produit à réaliser

Battre au fouet les jaunes d'oeufs, le sucre et éventuellement l'eau (5% du poids des jaunes en eau est recommandé pour faciliter l'émulsion d'autant plus que le sucre est en quantité importante)

Ajouter le beurre fondu comme pour une mayonnaise.

Monter les blancs d'oeufs en neige avec du sucre (le montage doit être équivalent à la crème mousseuse des mousses. Ne pas chercher à obtenir des blancs trop fermes, le mélange serait alors trop monté.)

Ajouter une partie de la farine à l'émulsion (il est possible comme pour les mousses en fonction de l'état de l'émulsion, d'ajouter un tout petit peu de blancs d'oeufs en neige pour détendre la préparation).

Ajouter une partie des blancs en neige.

Finir en ajoutant le restant de la farine et des blancs d'oeufs en neige.

Dans le cas de pâte levée ou de pâtes friables, le mélange doit être bien froid avant d'être ajouté à la farine

Pâtes friables — Les pâtes

Bref historique des pâtes friables

Le biscuit est à l'origine une pâte cassante qui était cuite deux fois. Le biscotto italien est le seul produit dont la confection se rapproche du biscuit originel. Cependant en France, le biscuit devint au XVe siècle un produit moelleux tel que le biscuit de Savoie, et ce, pour des raisons qui échappent aux historiens. Le mot français biscuit a été préservé dans les langues anglaise et italienne, exception faite pour les États Unis où le mot biscuit signifie un petit pain de type scone. Pour parler de biscuit, les Américains utilisent le terme de cookie. Le cookie peut être cassant ou moelleux. Pour les consommateurs français le mot biscuit reste un produit friable et cassant. Il s'agît alors de biscuits secs, et ce, même s'il existe une distinction entre biscuit et sablé. Le biscuit est plus cassant et il est moins riche en beurre. Le sablé est plus friable et il est plus riche en beurre.

Tout au long du XIXe siècle jusqu'aux années 1950, le terme biscuit était réservé au biscuit de Savoie et aux produits connexes. Pour parler d'un produit cassant, le mot de galette était utilisé. Le sablé ne fait son apparition dans la langue française que vers les années 1870 sous la définition de petit gâteau de Normandie à consistance sableuse. Pierre Lacam dans la 11e édition de son « Mémorial historique et géographique de la pâtisserie en parle en ces termes »:

> *Voilà le gâteau à la mode. Vous n'avez pas de sablés, vous n'êtes pas assortis : voilà ce que vous disent ces dames revenant de Trouville et Houlgatte. Il y a trente ans, l'on ne retrouvait des sablés que chez Dugué, faubourg Poissonnière, dans tout Paris. C'est comme les galettes normandes grosses et ovales. Il y avait que Lemaire rue Poissonnière, 18e, qui en faisait ; aujourd'hui, tout le monde en a. Il ont été crées à Lisieux (Calvados) en 1852.*

Cependant, on ne trouve aucune allusion à la méthode du sablage dans la recette du sablé de Lisieux, ni dans les livres de recettes du début du XIXe siècle, ni dans ceux des années 1950. Dans la recette de sablé de Lisieux de Pierre Lacam, il est indiqué de travailler le sucre, le lait et le beurre avant d'ajouter la farine.

La notion de sablage liée à la pâtisserie ne se retrouve pas dans le dictionnaire que récemment. Et le sablage n'est pas plus évoqué dans les livres professionnels des années 1940.

La Pâtisserie du XXIe siècle : les nouvelles bases

Pâtes friables   Les pâtes

Je crois que la généalogie des recettes en dit plus long que l'histoire de la pâtisserie, bien souvent anecdotique. Le terme de sablage ne serait arrivé qu'avec la mécanisation de la pâtisserie dans les années 1960-1970 et la nécessité de développer une pratique plus rationnelle. Par le passé, le sablé était désigné ainsi du fait de la consistance de la pâte et de sa friabilité, davantage que de sa méthode de fabrication qui était identique à ceux de son époque, à la différence que la pâte n'était pas frasée. Une fois la farine incorporée au mélange crème ou oeuf, beurre et sucre le mélange était arrêté et mis au repos. Le repos permettait à la farine de s'imprégner des ingrédients. Par la suite, les sablés étaient dressés. Cette hypothèse est renforcée par la recette de sablé donnée dans le «Guide pratique de la pâtisserie et des glaces : 400 recettes.» Flammarion 1947 où la pâte n'est presque pas travaillée pour préserver sa texture sableuse une fois cuite. Il est important de rappeler que le sablé n'est pas très riche en sucre et, de ce fait, à une texture réellement sableuse qui oscille du cassant au moelleux, ce qui n'est plus réellement le cas avec la version moderne beaucoup plus cassante.

La tradition française des biscuits secs et des sablés est récente. Elle est née avec le début de l'industrialisation. C'est à cette époque que vont se forger diverses traditions régionales françaises, dont la croyance populaire laisse penser que ces produits remontent à la nuit des temps. Ainsi vont naître les petits beurre et sablés divers. C'est aussi le retour du biscuit originel. Le biscotto italien qui devient le croquet, mais à une cuisson alors qu'en Italie le biscotto est cuit deux fois. Ces produits seront très vite repris par l'industrie qui en fera des biscuits reconnus et renommés, et ce jusqu'à nos jours.

Quant à la pâte sucrée, dans ses proportions actuelles, elle fait son apparition en France que vers la fin du XIXe siècle. C'est de l'Italie que viendra cette pâte, la pasta frolla qui sera traduite pâte frolle, frolla signifiant friable. Avant l'arrivée de la pasta frolla, la France utilisait déjà un certain nombre de pâtes plus hydratées et contenant du sucre en plus faible quantité. C'était le cas de la pâte à foncer dont Pierre Lacam en décline diverses versions; pâte foncer fine, ultra fine et sucrée. Le procédé consistait à mélanger les oeufs, le beurre et la crème à la farine, sans aucune allusion au crèmage, ni au sablage. C'est dans les années 1960-1970 que pâte à foncer, pâte sablée et pâte sucrée deviendront les bases de la pâtisserie française

Cette brève histoire des pâtes friables montre que le choix des pâtes de bases est toute relative et n'a pas forcément un lien direct à la tradition, puisque certaines pâtes comme la pâte à plomb ont été écartées. D'autre part, certains procédés dit modernes ne sont parfois qu'une inspiration d'ancienne recette oubliée. Une partie de la tradition des sablés et bisuits a été cédée à l'industrie et n'est plus réalisée par les pâtissiers. Pourtant la pâtisserie française offrait une large panoplie de biscuits et de sablés que Paul Bugat a merveilleusement illustré dans son livre « French Cookie Book ». Un pâtissier qui mérite d'être

Pâtes friables — Les pâtes

rédecouvert et dont la qualité de ses livres particulièrement « The Art of the Cake: Modern French Baking and Decorating et French Cookie Book » présentent une part de la tradition française qui s'est construite dans les années 1950 jusqu'aux années 1980. Paul Bugat est le fils de Marcel Buguat dont la fameuse pâtisserie de Clichy a fait les grandes heures de la pâtisserie française.

Pâtes friables — Les pâtes

La dénomination des pâtes friables

L'Histoire des pâtes friables démontre l'aspect subjectif du choix des pâtes de base friables en pâtisserie. Les nouvelles bases de la pâtisserie ne peuvent plus se contenter de l'enseignement de trois pâtes de base et de leur méthodologie. Elles doivent permettre, d'une part une désignation plus générale de ces pâtes de base, d'autre part de développer une formule d'apprentissage qui permet de répondre à tous les besoins des pâtissiers.

Aujourd'hui, la pâte sucrée désigne une pâte sucrée à foncer réalisée par crèmage. Pourtant, toutes les pâtes qu'elles servent à foncer ou à réaliser des sablés, galettes, biscuits ou croquets contiennent du sucre. De ce fait, le mot de pâte sucrée est un terme trop générique et pas assez précis pour qualifier une pâte sucrée à foncer. Quant au terme de pâte sablée, il n'indique –une fois de plus– que la méthode ou le résultat et ne se distingue en rien de la pâte sucrée ou d'autres pâtes de ce type. La seule distinction réside dans l'équilibre de la recette. Finalement, la pâte à foncer n'indique que son usage et ne précise en rien si elle est sucrée ou salée. De plus, toutes ces recettes sont battis sur un modèle semblable. Il serait plus judicieux –pour toutes les pâtes sucrées servant à foncer ou à réaliser des biscuits secs ou des sablés– de trouver un terme générique avec un modèle de base. J'ai donc décidé de baptiser ces pâtes des pâtes friables sucrées lorsqu'elles sont sucrées et pâtes friables salées lorsqu'elles sont salées. Ces pâtes ne sont pas associées avec une recette, mais avec un modèle qui sert à construire toutes les recettes de cette catégorie. Le modèle présenté à la page suivante servira de balise à la création des futures recettes.

De ce fait, lorsqu'un enseignant parlera d'un sablé breton, il parlera d'une base à pâte friable sucrée de même lorsqu'il parlera de pâte à pâté, il parlera d'une base à pâte friable salée. Désormais, le terme de pâte sucrée ou pâte brisée doit être remplacé par pâte friable sucrée ou pâte friable salée. Quant au sablé, il devrait désigner des produits riches en beurre 66% à 70% et plus et pauvre en liquide moins de 20% et pauvre en sucre moins de 40% ce qui leur assure en partie le côté sablé de leur texture.

Dorénavant, l'apprenti pâtissier ou pâtissière apprendra ce qu'est une pâte friable sucrée et ses particularités et comment elle se compose et se réalise. Ensuite, il apprendra les diverses dénominations qui font la tradition française en plus de découvrir les particularités des produits venus d'ailleurs.

Pâtes friables — Les pâtes

Ces données sont proposées à titre indicatif pour faciliter votre travail

2% à 3% de poudre levante
(principalement pour les biscuits secs et les sablés)

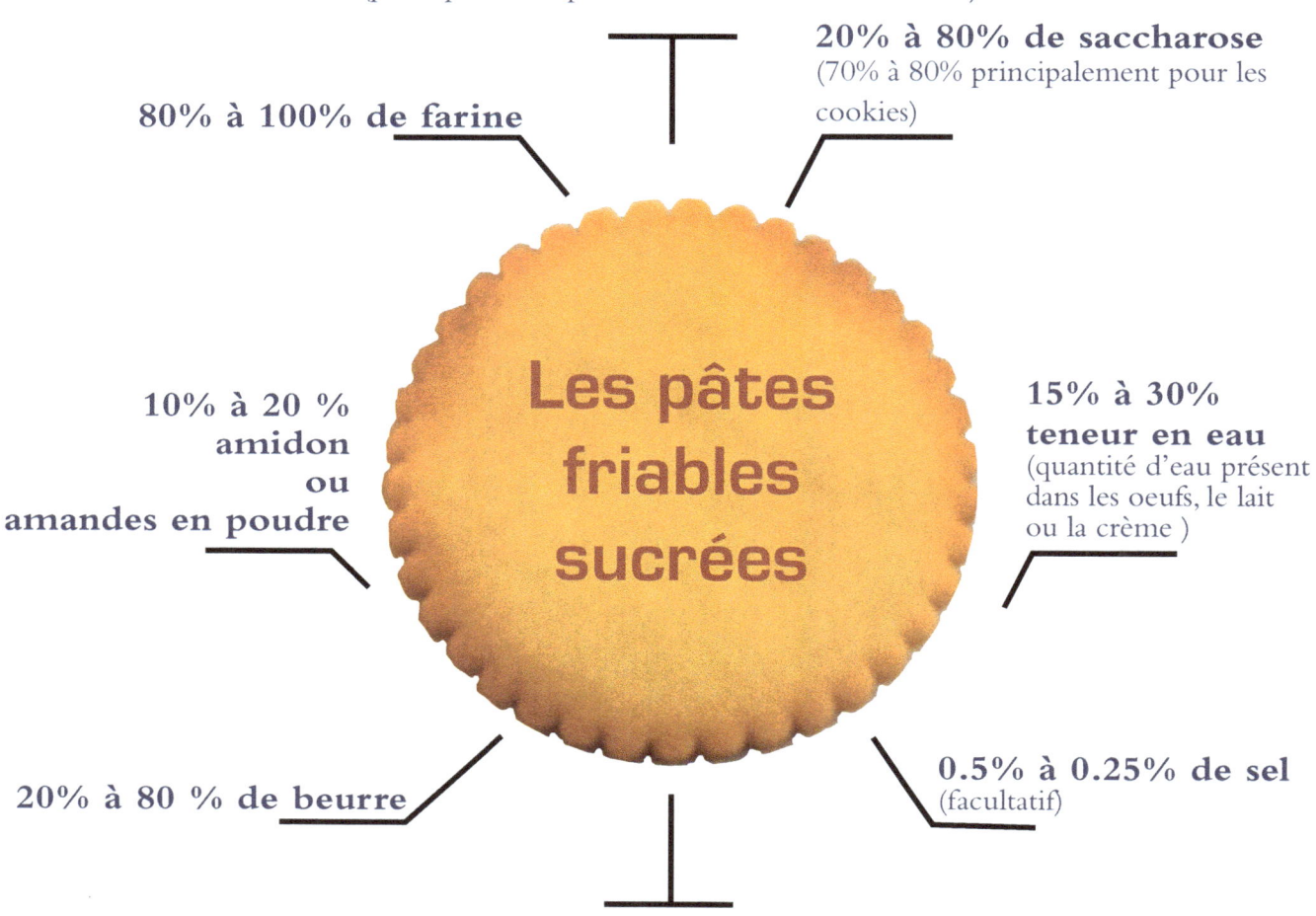

20% à 80% de saccharose
(70% à 80% principalement pour les cookies)

80% à 100% de farine

Les pâtes friables sucrées

15% à 30% teneur en eau
(quantité d'eau présent dans les oeufs, le lait ou la crème)

10% à 20 % amidon ou amandes en poudre

20% à 80 % de beurre

0.5% à 0.25% de sel
(facultatif)

Dans le cas de sablés, de biscuits ou de galettes 10% à 15% de sucre inverti ou de glucose en remplacement du saccharose favoriseraient la conservation.
Cependant ce type de produit se conserve bien sans ajout de ces sucres.
Ces biscuits, sablés et galettes sont toujours meilleurs frais

La Pâtisserie du XXIe siècle : les nouvelles bases

Pâtes friables

Les pâtes

Structure des pâtes friables sucrées

Les pâtes sucrées seraient une suspension de particules solides dans une phase liquide, qui est elle même est une émulsion concentrée dans un solution de sucre. (*Physicochemical behaviors of sugars, lipids, and gluten in short dough and biscuit. Chevallier S, Colonna P, Buléon A, Della Valle G.*)

Comme expliquer dans le chapitre consacré à l'architecture des pâtes, le principe de suspension et d'émulsion est une fois encore présent. Contrairement aux auteurs de l'étude, l'idée d'émulsion devrait être utilisée avec réserve car dans le cas d'un beurre en crème l'émulsion ne serait que partielle. En l'absence de jaune d'oeuf, il n'y aurait pas d'émulsion ou une micro-emulsion qui se produit au coeur de la farine.

Rapport de la quantité d'eau par rapport à la quantité de beurre

Eau (± 3%)	Beurre
3 %	80 %
7 %	70 %
11 %	60 %
15 %	50 %
19 %	40 %
23 %	30 %
27 %	11 %

Ce tableau est à titre indicatif. Le type de farine aura de l'influence sur l'hydratation mais aussi la quantité de sucre. Moins, il y a beurre et de sucre plus il y a d'eau. Ce tableau a été réalisé en tenant compte d'une quantité de sucre de 35%.

La friabilité de ces pâtes vient de la forte proportion de la matière grasse et de la faible proportion d'eau. Dans ce type de pâte la relation eau / beurre est déterminante pour la texture et structure du produit. La présence des jaunes d'oeufs apporte davantage de friabilité et de fondant et raffermit la pâte avant cuisson.

Le développement du gluten de la pâte ne se produit que si la pâte a été exagérément travaillée et que le sucre est en deçà de 50% du poids de la farine et le taux d'hydratation au-dessus de 30% du poids de la farine.

La Pâtisserie du XXIe siècle : les nouvelles bases

Pâtes friables — Les pâtes

Farine

Le choix de la farine doit être une farine faible en protéines et de préférence une farine de blé biscuitier, farine de blé soft (farine à pâtisserie Amérique du Nord) pour les biscuits secs et les sablés. Pour les pâtes servant à foncer les tartes, il est possible d'utiliser des farines plus riches en protéines à condition qu'elles possèdent une extensibilité importante. Dans ce cas, il est nécessaire d'ajuster la recette en augmentant la quantité de beurre davantage que celle du liquide. L'ajout d'amidon ou de farine de riz permet d'ajuster la farine.

Tableau des équivalences des liquides

Eau	Oeufs entiers	Jaunes d'oeufs	Lait 3.5%	Crème 35%
3 %	4 %	6 %	3.5 %	5 %
7 %	9 %	14 %	8 %	12 %
11 %	15 %	22 %	12.5 %	19 %
15 %	20 %	30 %	17 %	25 %
19 %	25 %	38 %	22 %	32 %
23 %	31 %	46 %	26 %	39 %
27 %	36 %	48 %	31 %	46 %

Moins de rétrécissement	Plus de rétrécissement
Beurre +	Beurre −
Sucre + (étalement des biscuits)	Sucre −
Liquide −	liquide +/−

L'ajout de plus de beurre et/ou de plus de sucre fragilise la pâte et peut rendre le fonçage difficile. Le beurre aura une influence sur le rétrécissement dans une pâte friable salée alors que dans une pâte friable sucrée son influenc vient s'additionner à celle du sucre. L'impact du liquide va dépendre de la présence des autres ingrédients et du travail de la pâte. Plus de liquide, moins de sucre et une pâte un peu trop travaillée et le rétrécissement sera plus important et un peu moins important en présence d'une grande quantité de beurre.

Friabilité	Cassant
Beurre +	Beurre −
Sucre −	Sucre +
Liquide (eau, lait, crème 35%) −	liquide (eau, lait, crème 35%) +
Jaunes d'oeufs +	

Si la présence de jaunes d'oeufs augmente la friabilité d'une pâte son absence n'influence pas la friabilité ou le cassant comme le beurre, le sucre ou le liquide

farine de riz ou fécule +
ou farine faible en protéines (blé biscuitier / blé soft- Amérique du Nord - farine à pâtisserie)

La différence entre une farine faible et une farine forte en protéines va agir davantage sur la légèreté de la texture et donc indirectement sur le cassant ou la friabilité de la pâte. Il est indéniable qu'une farine à blé biscuitier, farine de blé soft (farine à pâtisserie Amérique du Nord) apporte une plus grande friabilité dans le cas de sablés ou de

Pâte friables — Les pâtes

Amidon

Le choix de remplacer une partie de la farine par de l'amidon de riz, de l'amidon de pomme de terre ou de la farine de riz poudreuse ou granuleuse permet d'abaisser le taux de protéines de la farine. Cet ajout apporte plus de légèreté et permet de diminuer l'hydratation et/ou la quantité de matière grasse. La fécule de pomme de terre a de grosses particules et se compare à l'amidon du blé alors que l'amidon de riz a des particules beaucoup plus fines. L'amidon de riz apporte une certaine friabilité tout comme la farine de riz qui –en plus– apporte un élément structurant : des protéines. Le choix d'une farine de riz granuleuse ou le choix de semoule de blé apporte du craquant et de la friabilité à la pâte.

Poudre d'amandes

Les amandes en poudre jouent un rôle similaire à l'amidon lorsqu'elles sont en faibles quantité 12% par rapport à la quantité de farine. La poudre d'amandes dans les pâtes friables est davantage une spécifité viennoise qu'une spécificité française. Il suffit de penser au croissant biscuit caractéristique de la pâtisserie viennoise ou à la fameuse pâte à Linzer. Dans de tels produits la poudre d'amandes peut atteindre jusqu'à 50% de la quantité de farine. Le pourcentage des autres ingrédients est calculé en fonction de la somme de la farine et de la poudre d'amande. Lorsque la quantité d'amandes est en grande quantité, il est essentiel d'avoir des amandes fraîchement moulues et d'une qualité exceptionnelle auquel cas le goût du produit sera altéré et pourrait laisser une sensation désagréable. La granulométrie des amandes en poudre va avoir une certaine importance sur le goût et la texture. Il est préférable d'utiliser de la poudre d'amandes très fine lorsque les amandes sont en grande quantité. Il est possible aussi de faire des variantes en torréfiant plus ou moins les amandes ou encore en remplaçant celles-ci par des noisettes ou encore de la pâte d'amande en n'oubliant pas d'ajuster dans ce cas ci la quantité de sucre. Pour ma part, pour un meilleur éqilibre gustatif, il serait judicieux d'augmenter la quantité de beurre lorsque les amandes sont en grande quantité. (Pour plus de détails ce référer au chapitre des pâtes battues page 108)

Cacao en poudre et couverture

Le cacao sec contenu dans la poudre de cacao et dans le chocolat de couverture est riche en fibres et en protéines ce qui requiert une quantité plus importante de liquide ou de beurre car elles alourdissent le produit. Dans le cas des pâtes friables, il est préférable d'opter davantage pour l'ajout de beurre. Si nécessaire, une faible quantité de liquide peut être ajoutée, et ce, en fonction de la quantité de sucre présente pour ne pas avoir un produit trop cassant. Il est possible aussi d'augmenter proportionnellement le sucre, l'eau et le beurre quand on ajoute du cacao en poudre (Pour plus de détails ce référer au chapitre des pâtes battues page 108)

La Pâtisserie du XXIe siècle : les nouvelles bases

Pâtes friables — Les pâtes

Les sucres

La plupart des sucres décrit dans le chapitre consacré aux ingrédients peut être utilisée dans les pâtes friables. La granulométrie et la quantité de sucre vont avoir un impact sur l'étalement de la pâte au cours de la cuisson. Plus la quantité de sucre est importante ou plus la granulométrie est fine plus le biscuit à tendance à s'étendre.

Le sucre glace est le plus couramment utilisé. Il a l'inconvénient de donner une texture légèrement plus molle que le sucre semoule ou le sucre cristallisé, mais il se dissoud plus rapidement.

Le sucre cristallisé, le sucre semoule et la cassonade(sucre brun au Québec) apporte plus de craquant, mais ils ont l'inconvénient de se dissoudre plus difficilement, spécialement le sucre cristallisé et la cassonade.

La vergeoise(cassonade au Québec) apporte une saveur moins sucrée et donne une texture un peu plus molle que le sucre glace. Elle est utilisée surtout dans les cookies.

Le sel

Le Chloride de Sodium NaCl est utilisé pour mettre en évidence le sucre. Cependant, sa présence, même dans des proportions infimes, me paraît toujours de trop. D'ailleurs, la quantité de sel devrait se maintenir entre 0.5% à 0.25% du poids de la farine pour les pâtissiers qui tiennent à ajouter du sel.

Les liquides

La pratique conduit souvent à utiliser les oeufs pour la confection des pâtes friables sucrées particulièrement lorsqu'elles servent à foncer des tartes. Les oeufs et particulièrement les jaunes apportent de la friabilité, de la saveur mais donne une texture plus pâteuse que craquante lorsque la quantité de sucre est faible 32% à 40% du poids de la farine d'autant plus que la pâte est pauvre en liquide dans ce cas il est préférable d'utiliser de l'eau ou du lait. Même si l'eau peut paraître un choix surprenant, si le beurre est bien dosé au moins 56% à 60% du poids de la farine, le beure exprimera davantage ses saveurs et la friabilité sera au rendez-vous. Bien entendu, si la quantité de sucre devient plus importante le sucre apportera du craquant et de la dureté et l'effet du jaune d'oeuf se ressentira moins et enrichira la texture. Cependant, pour les pâtes friables sucrées à foncer, la quantité de sucre devrait avoisiner les 32% à 40% puisque le plus souvent la pâte est garnie d'un appareil sucré. De plus, cela évite d'avoir une pâte trop dure.

Pâtes friables — Les pâtes

La méthode de réalisation.

La méthodologie du sablage est celle que je recommande pour la friabilité qu'elle apporte et ce quel que soit le type de pâte à réaliser à l'exception des cookies. Pour les cookies, la méthode du crémage ou de l'émulsion conviendrait davantage. Dans le cas de la méthode de l'émulsion, une partie du sucre est mise dans l'émulsion, l'autre partie est mélangée aux blancs d'oeufs ou dans les liquides restants.

Il est important que tous les ingrédients soient très froids. Le sucre –à l'exception du sucre glace– est dissous dans les liquides. Pendant ce temps, le beurre est mélangé à la farine pour créer un sablage grossier. Ensuite, les liquides sont ajoutés. Le mélange prend fin quand la pâte a commencé à se former.

Le fait d'avoir des ingrédients froids –d'autant plus si la température de la pièce est tempérée– à pour conséquence que la pâte peut se travailler presque immédiatement ou encore après un repos de courte durée. Le beurre froid offfre une meilleure structure à la pâte.

Dans le cas du sablé, tous les ingrédients peuvent être mis au même moment. L'ajout de liquide étant en faible quantité, cela n'altère d'aucune façon le sablage d'autant plus si le beurre est bien froid. Tout au contraire, cela peut apporter une texture friable et sableuse après cuisson. Ce qui serait sans aucun doute en adéquation avec le sablé originel. De plus, cela évite de travailler trop la pâte. Les machines actuelles ont tendance à modifier la texture en cherchant à trop homogénéiser la pâte. Il est possible aussi, une fois le sablage réalisé, de terminer la pâte à la main pour l'assembler

Dans le cas de pâte servant à foncer, il est préférable –avant de garnir les pâtes et de les cuire– de les passer au congélateur une dizaine de minute. La cuisson doit se faire à basse température cela évite de pré-cuire la pâte avant de la garnir et de l'enfourner.

Dans le cas où la garniture mérite des températures plus élevées cuire les premières 10 mn à basse température avant d'augmenter la température. Cela permet une meilleure cuisson de la pâte.

Pâtes friables — Les pâtes

Différents types de pâtes friables sucrés

Produit	Liquide	Beurre	Sucre
Sablé breton	24% jaunes d'oeufs 7% de lait (18 % eau)	80 %	50 %
Pâte sucrée	20 % oeufs (15 % eau)	55 %	32%
Shortbread	0 %	80 %	32 %
Cookie	33% oeufs (25 % eau)	70 %	40% de vergeoise 30% de sucre cristallisé
Biscotto	40% oeufs (30 % eau)	30 %	40 %
Petit beurre	20 % de lait (18 % eau)	15 %	25 %

Ces informations sont à titre d'exemple, vous pourrez trouver des recettes encore différentes pour ces produits. Le choix de la farine va influencer la quantité de beurre. Dans le cas de farine biscuitier (farine à pâtisserie, en Amérique du Nord) Il faut légèrement diminuer la quantité de beurre en fonction du type de produit. A titre d'exemple le shortbread réalisé dans l'industrie avec une farine biscuitier contient 66% de beurre.

Dans le shortbread 20% de la farine peuvent être remplacés par de la farine de riz granuleuse.

Vous constaterez qu'à l'exception du sablé breton et du cookie toutes les pâtes friables sucrées ne dépassent pas 40% de sucre. Pour le cookie, j'ai choisi la formule la moins sucrée car généralement ces biscuits sont trop sucrés

La plasticité du beurre permet lorsqu'il est en grande quantité de ne pas avoir besoin de liquide comme dans le cas du shortbread

Pâtes battues — Les pâtes

Bref historique des pâtes battues

Les pâtes battues, voilà un drôle de nom pour parler de ce que l'on appelle communément des gâteaux et qui peuvent prendre le nom générique de cake, de biscuit, de gâteau de voyage. Le nom de pâte battue est né sans aucun doute de l'influence exercée dans les années 1960-1970 par l'industrie. C'est la traduction du terme anglais « cake batter ». Ce type de pâte existe au moins depuis le XVIIIe siècle en Europe même si, comme je l'ai déjà mentionné, le biscuit de Savoie est antérieur à cette date (se référer aux pâtes friables pour l'historique du mot biscuit)

En France, le XIXe siècle a vu naître une panoplie de ce type de gâteau qui était garni souvent de confiture, parfois de crème et qui était servi comme dessert. À cette époque, ces produits étaient désignés sous le nom d'appareil à biscuit suivi de son appellation. Parfois, le mot biscuit était remplacé par gâteau. Ce terme d'appareil à biscuit convient davantage que pâte battue, puisqu'il est en ligne directe avec le sens du mot biscuit que lui a donné la France dès le XVe siècle. Le biscuit du XIXe était un produit riche en oeufs, en sucre et plus ou moins riche en beurre, contenant bien souvent des amandes en poudre et/ou de la fécule. Les biscuits ne contenant pas de beurre contenaient davantage de sucre que de farine.

Cette tradition du biscuit a petit à petit disparu ou a été transformée pour faire –dans les années 1960-1970– de ces produits des fonds de base pour les entremets. Malheureusement, cette transformation leur a fait perdre toute leur finesse et leur élegance, pour devenir parfois des gâteaux sans saveur qu'il était nécessaire d'imbibér pour en faire sortir le moelleux. Depuis, les biscuits sont restés des supports et n'ont pas toujours gagné en qualité. L'exemple le plus frappant est la génoise, emblème des gâteaux des années 1960 aux années 1980. Il est difficile d'imaginer un gâteau aussi sec, manquant de goût et de saveur, alors que ce gâteau fut bien souvent –par le passé– enrichi au beurre (80% du poids de la farine). Quant à la génoise au chocolat, il est inimaginable de penser qu'un tel produit puisse être – aujourd'hui encore– enseigné. Un gâteau pauvrement enrichi de cacao qui n'apporte qu'une saveur édulcorée du chocolat a de quoi mettre en péril la plus noble crème qui viendrait la garnir.

Quant au cake, produit plus dense que les biscuits, dont la quantité d'oeufs, de sucre et de

La Pâtisserie du XXIe siècle : les nouvelles bases

Pâtes battues — Les pâtes

beurre est inférieure ou égale à la quantité de farine, il fait son entrée dans les livres de recettes vers la fin des années 1950, début des annés 1960 sous divers noms. Le quatre-quarts, classé comme biscuit, était réalisé dans les années 1950 comme une génoise au beurre, mais avec un beurre fondu froid. Le cake marbré –dont l'origine serait autrichienne dérivé du gugelhupf comme cela sera vu dans les pâtes levées– devient le dessert par excellence du quatre heures . Le cake aux fruits, version moderne du cake anglais, se maintient dans les spécialités françaises. Le cake anglais –dont le plus célèbre d'entre eux est le plum cake– est introduit dans les livres français dès le XIXe siècle, comme d'ailleurs beaucoup d'autres produits anglais, tels que les muffins et les puddings. Le cake contient souvent des fruits et des épices. En consultant, les livres anglais du XVIIIe, on s'aperçoit que le cake ne ressemble en rien au cake d'aujourd'hui. La quantité de beurre et de sucre par rapport à la farine est en faible quantité et la quantité d'oeufs est minime par rapport à la quantité de lait ou de crème. Ce produit s'accompagnait d'ailleurs de beurre. A la fin du XVIIIe siècle, le cake anglais ressemble davantage au quatre-quarts avec presque autant de beurre et de sucre que farine et davantage d'oeufs.

Aujourd'hui, les cakes sont devenus des produits lourds, pas toujours aussi molleux que le prétendent leurs auteurs. Les modernes ont sans doute oublié qu'au XVIIIe et au début du XIXe –comme nous le rappelle Pierre Lacam dans son mémorial consacré à la pâtisserie– les farines pouvaient être très faibles en protéines et de ce fait offraient davantage de moelleux. Ces produits –quelque peu oubliés dans les années 90– reprennent du gallon sous le nom de gâteaux de voyage. À cette gamme s'est ajoutée –sous l'influence américaine– le « cup cake » ou encore le muffin américain, davantage un gâteau qu'un pain.

Il est difficile de comprendre que les pâtisssiers, préoccupés à vouloir restaurer les classiques de la pâtisserie française, n'ont pas remis les biscuits classiques à l'ordre du jour. Ils auraient bien plus de succès par leur légèreté leur finesse et leur saveur. Sans doute, a-t-on oublié ces recettes anciennes dénaturées par le temps. Mais c'est surtout que toute une génération n'a jamais eu le plaisir de goûter ce type de gâteau pour en avoir le souvenir. Ce type de gâteau s'est maintenu bien plus longtemps dans une partie de l'Europe qu'en France, particulièrment en Autriche. Il est temps de redonner aux appareils à biscuits tout leur prestige, réintroduire le beurre écarté pour des raisons infondées, et retrouver la tradition qui a fait le prestige de la tradition française.

La Pâtisserie du XXIe siècle : les nouvelles bases

Pâtes battues — Les pâtes

La dénomination des pâtes battues

Les pâtes battues comportent autant les appareils à biscuit, que les pâtes à cake. Géneralement, les pâtes battues sont divisées en deux groupes les pâtes battues lourdes et légères. Ces dénominations sont basées sur la rapport liquide/farine, plus il y a de liquide, plus l'appareil est considéré comme une pâte battue légère, moins il y a de liquide plus l'appareil est considéré comme une pâte battue lourde. Cependant ces appellations sont toute relative à cause de à la grande variété de pâtes qui peuvent exister, même si de nos jours le nombre a été restreint.

Exemple de différents types de pâtes battues	
Nom du Produit	Recette
Pâtes Battues Légères	
Biscuit de Savoie	200g d'oeufs 100g de farine 140g de sucre
Biscuit Malmaison	200g d'oeufs 125g de sucre 94g de farine 44g de poudre de noisette 50g de beurre
Pâtes Battues Lourdes	
Pain de Gênes	248g d'oeufs 220g de sucre 220g poudre d'amandes 140g de fécule 140g de beurre
Madeleine	150g d'oeufs 135g de sucre 135g de farine 135g de beurre
Cake à la française	200g d'oeufs 260g de farine 200g de sucre 200g de beurre
Ces informations sont à titre d'exemple, vous pourrez trouver des recettes encore différentes pour ces produits	
Vous pouvez constater que le classement est subjectif car le pain de Gênes ne correpond pas à la définition donnée plus haut, pas plus que la madeleine alors même que le quatre-quarts qui devrait être classé comme pâte battue lourde est parfois classé dans les pâtes battues légères (Compagnon pâtissier 7e édition). C'est pourquoi j'ai souhaité ne pas faire de distinction entre ces pâtes et les aborder d'un point de vue général.	

La Pâtisserie du XXIe siècle : les nouvelles bases

Pâtes battues — Les pâtes

Ces données sont proposées à titre indicatif pour faciliter votre travail
la farine est calculée par rapport au poids des oeufs.
Les autres ingrédients sont calculés par rapport au poids de la farine

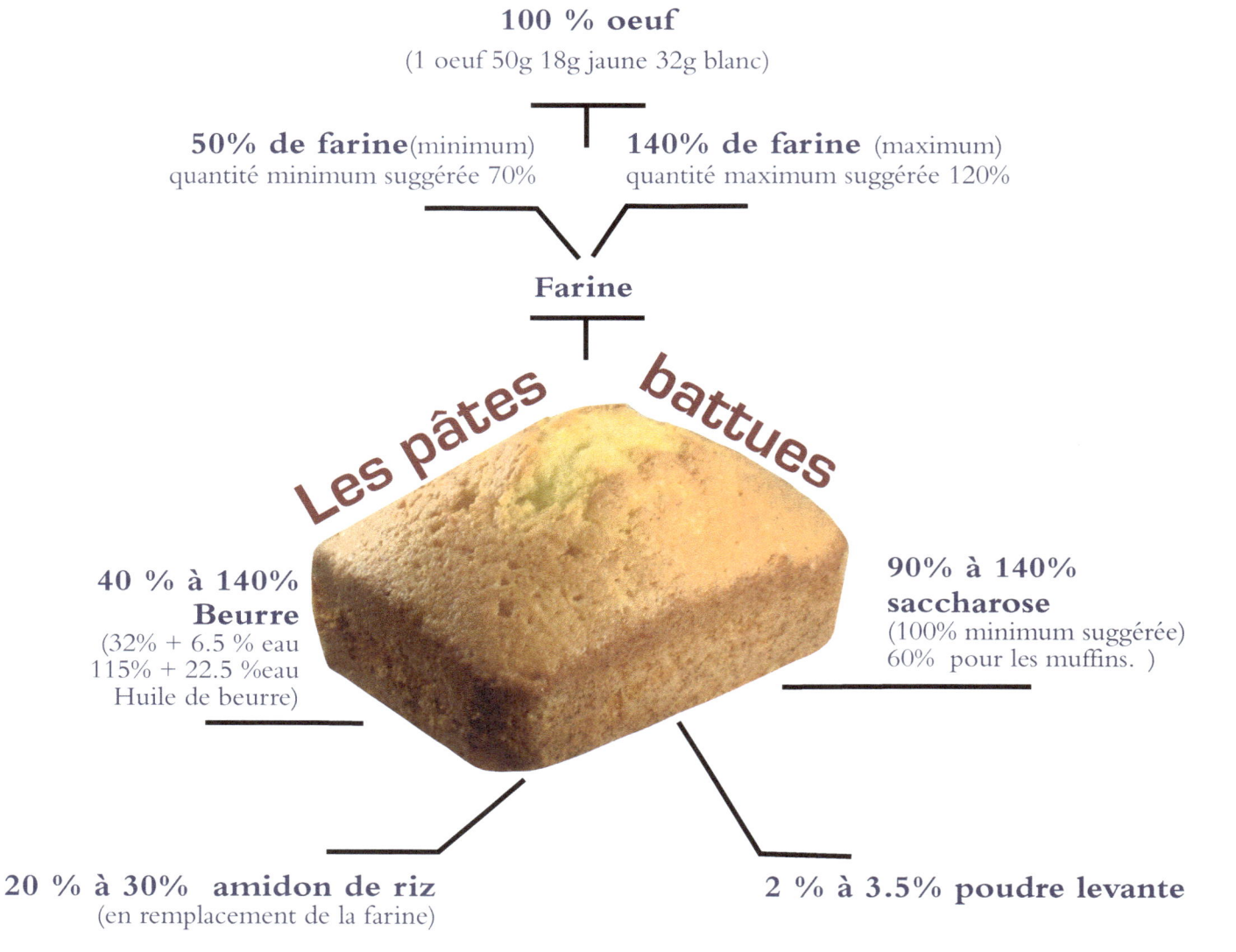

100 % oeuf
(1 oeuf 50g 18g jaune 32g blanc)

50% de farine (minimum)
quantité minimum suggérée 70%

140% de farine (maximum)
quantité maximum suggérée 120%

Farine

Les pâtes battues

40 % à 140% Beurre
(32% + 6.5 % eau
115% + 22.5 %eau
Huile de beurre)

90% à 140% saccharose
(100% minimum suggérée)
60% pour les muffins.)

20 % à 30% amidon de riz
(en remplacement de la farine)

2 % à 3.5% poudre levante

La Pâtisserie du XXIe siècle : les nouvelles bases

Pâtes battues
Les pâtes

Structure des pâtes battues

La complexité de la structure des pâtes battues a nécessité des centaines, si ce n'est des milliers de tests, pour arriver à comprendre les phénomènes qui se jouent au coeur de ces pâtes. Les nombreuses interractions qui se produisent ne permettent pas aujourd'hui de prétendre à des règles universelles, même si des principes généraux ont été définis. Ces principes ne peuvent en aucun cas se substituer aux expériences pratiques qui conduisent – pour des produits particuliers– à en arriver à d'autres régles. Dans cette optique, l'important est d'analyser les phénomènes qui puissent influencer le produit et d'en comprendre les mécanismes dans un cadre artisanal. En effet, l'industrie a défini des règles qui conduisent les pâtes battues à se ressembler. Le gourmand et le gourmet ont oublié aujourd'hui la subtilité et la particularité des appareils à biscuits et des cakes, car même l'artisanat les a standardisés et/ou ne les mettent plus en valeur.

Les protéines de la farine

Dans le chapitre concernant les ingrédients, il est écrit que le sucre fixe l'eau nécessaire aux protéines et les prive de l'eau nécessaire à former le gluten. Mais est-ce si vrai ?

Lors de la réalisation d'un quatre-quarts, si le mélange est prolongé, la texture et le volume vont être affectés : texture plus dense, volume moins important. Au sommet du gâteau se forme un pic alors qu'un mélange adéquat donne davantage une forme arrondie voire plate. Ce phénomène se produit même dans le cas où le total de sucre dépasse légèrement celui de la farine. Ceci est contraire à ce qui est décrit dans le chapitre des ingrédients, au sujet de l'effet de la quantité de sucre sur la forme du produit. Dans le cas d'une farine plus ou moins riche en protéines, la texture pourrait même devenir caoutchouteuse.

Ce phénomène est-il attribué à la formation minimale du gluten, à la manière dont les ingrédients s'agglomèrent entre eux ou encore aux protéines ?

Dans plusieurs livres de technologie, le phénomène de pic est souvent associé à un excès du mélange. Le Technical Bulletin de l'American Institute of Baking de 2001 précise, que dans le cas d'une farine faible en protéines, ce pic s'expliquerait par une pression trop forte au coeur

La Pâtisserie du XXIe siècle : les nouvelles bases

Pâtes battues — Les pâtes

Recette 50g d'oeuf 40g de farine forte en protéines 52g de sucre 1.2g de poudre levante
Méthode de l'émulsion / Blanc légèrement monté en neige

A	B	C	D
Émulsion Crèmeuse	Émulsion avec un beurre chaud	Après 12h au réfrigérateur	Idem que C la pâte est mélangée et mise à température avant d'enfourner

La recette a été reprise en ajustant la quantité de farine à 50g et de sucre à 50g dont une partie est ajoutée dans les blancs d'oeufs montés Dans les 3 cas (A,B,C) on obtient le même résultat que dans la figure B. Les résultats de la seconde expérience sont réliés d'une part à la stabilité des blancs d'oeufs et d'autre part à la dispersion très délicate de la farine.

du produit dû à trop d'air incorporé. Dans le cas d'une farine forte, cela serait dû au développement du gluten. Cela signiferait que le gluten –même de façon minime– s'est formé. De ce fait, si l'eau n'est pas entrée en contact d'abord avec le sucre, mais avec la farine, cela aurait pour conséquence de développer le gluten. Celui-ci subsisterait même de façon partielle lorsque l'eau entrerait pleinement en contact avec le sucre. Cela met donc à faux l'idée que le sucre, dans une quantité supérieure à 50% du poids de la farine, empêche toute formation du gluten, et ce, même avec une quantité importante de beurre. Pourtant dans le livre Baked Products: Science, Technology and Practice, Stanley P. Cauvain et Linda Young laissent entendre que le gluten ne se forme pas. Des photos au microscope électronique présentées dans la Thèse de Nejla LASSOUED – OUALDI (Structure alvéolaire des produits céréaliers de cuisson en lien avec les propriétés rhéologiques et thermiques de la pâte. Effet de la composition) montrent bien qu'en présence du sucre, la structure du gluten est imparfaite (20% de la quantité de farine). Il est facile d'en déduire qu'avec une plus grande quantité de sucre –comme c'est le cas dans les pâtes battues– ce phénomène s'amplifie. De ce fait pour expliquer ce pic , on peut supposer que d'une part la quantité de liquide n'est pas suffisante pour le type de farine, d'autre part que la matière grasse n'a pas suffisamment imprégné la farine. L'impgrégnation de la farine par la matière grasse lui permet d'éviter d'absorber trop d'eau. En effet, dans un mélange prolongé où la farine n'est pas maintenue en suspension, la farine va absorber plus rapidement l'eau présente dans la pâte d'autant plus que le mélange est soutenu. La pâte devient compacte d'autant plus qu'il n'y pas assez d'eau pour que la farine puisse se disperser suffisammment. La viscosité est alors importante. Un mélange dont la viscosité est élévée va emprisonner davantage d'air et de ce fait, comme expliqué dans le Technical Bulletin de l'American Institute of Bakery, la pression exercée par l'air est trop forte

Pâtes battues — Les pâtes

et pourrait expliquer l'effet de pic et un moins grand volume. Par contre, si le mélange est mis au froid, la bosse sera plus arrondie du fait que les bords vont cuire plus rapidement que le centre et favorise la dépression, Cette dépression est amplifiée et bonifiée par une meilleure imprégnation de la farine par la matière grasse et par les liquides et l'amélioration de la cohésion des éléments entre-eux du fait de la maturation au froid. Cette bosse se constate même lorsque la pâte est remise à une température de 21°C avant d'être enfournée. D'autre part, lorsque la viscosité est moindre, mais suffisante, le produit aura davantage un dôme. Enfin si le produit est plus fluide le dessus du produit sera plat.

La complexité des phénomènes qui se produit au coeur de la pâte ne peut empêcher d'une part de soulever la question du gluten et d'autre part de l'impact de l'absorption des liquides par les protéines.

Peut-on imputer à l'effet de pic –quelle que soit sa proéminence- uniquement à une question de pression ou est-ce le fait que la farine soit moins dispersée et donc plus imprégnée par les liquides ?

Si on opte pour la seconde hypothèse, on peut imaginer que le sucre étant prisonnier de l'émulsion dans lequel il est dispersé, il va fixer plus difficilement l'eau des blancs d'oeufs. D'autre part du fait de l'émulsion, la matière grasse imprègne plus lentement la farine. De ce fait, l'eau des blancs d'oeufs entre en contact plus rapidement avec la farine et peut expliquer une meilleure imprégnation des protéines qui donnent du corps à la pâte, sans pour autant entraîner une formation du gluten ou très partiel. L'eau est concentrée dans la farine. La farine ne peut se disperser si l'eau n'est pas en quantité suffisante; la viscosité est accrue. La texture devient dure, compacte. Une farine de type biscuiter (farine à pâtisserie Amérique du Nord) nécessite moins d'eau et l'absorbe mieux. Sa ténacité est moins grande. La pâte à moins de corps. Ce qui explique, en partie les résultats de la page 73. Dans le cas où les blancs d'oeufs restent à l'état liquide et la fluidité de la pâte est plus importante, on obtient une structure plus moelleuse avec une certaine densité. Dans le cas de blancs d'oeufs montés, la texture s'aére mais a tendance à s'assécher.

Recette d'une pâte fluide avec blancs d'oeufs liquides.

50g d'oeufs 30g beurre 23g farine 7g amidon de riz 40g sucre 3g d'eau 0.9g poudre levante
Cette recette est réalisée à partir d'une émulsion auquelle est ajouté le mélange farine, fécule et poudre levante et en même temps les blancs d'oeufs non montés. Le mélange est prolongé durant quelques minutes au fouet. (voir recette, recommandations et photo page 118-119)

Cette fois l'eau est mieux répartie et la pâte est moelleuse. Cependant, l'effet de pic tend à vouloir se former comme une petite pointe, mais sans avoir un sommet de forme triangulaire.

La Pâtisserie du XXIe siècle : les nouvelles bases

Pâtes battues — Les pâtes

Viscosité Forte	**Viscosité Moyenne**	**Viscosité Faible**
A- La quantité de sucre et de beurre sont endessous de la quantité de farine. B- La quantité de beurre est au-dessous de la quantité de farine C- La quantité d'oeufs est inférieure ou égale à la quantité de farine **Et/Ou** Effet du mélange oeufs non montés et/ou mélange trop prolongé.	A- La forme la plus arrondie est due à une quantité de beurre inférieure à la quantité de farine et à une quantité de sucre légèrement supérieure ou inférieure à la quantité de farine B- La forme moins arrondie est due à une quantité de beurre équivalente ou supérieure à la quantité de farine C- La quantité d'eau est proche de la farine **Et/Ou** Effet du mélange Blancs d'oeufs montés et farine incorporer délicatement	A- La quantité de sucre et/ou de beurre est supérieure à la quantité de farine B- La quantité d'oeufs est égale ou supérieure à la quantité de farine

La température de cuisson aura aussi un impact sur la forme. Une trop forte température pourrait entraîner la forme en pic d'autant plus si la viscosité est forte. En général, il est conseillé pour une forte viscosité d'aller avec des températures de cuisson basses et pour des appareils avec une plus grande fluidité des températures plus hautes. Dans le cas d'une grande quantité de beurre et sucre, même avec une fluidité importante, la température plus basse D'autre part un appareil avec une forte viscosité nécessite plus de poudre levante qu'un appareil plus fluide.

Cette recette de biscuit au beurre a permis de démontrer qu'il n'est pas nécessaire de monter les blancs d'oeufs en neige, lorsque la quantité de farine est en deçà de la quantité d'oeufs, pour avoir un produit ressemblant à un cake, tout en étant moins lourd et d'une texture plus agréable.

Cette analyse souligne la complexité des phénomènes qui se produisent au coeur de la pâte et pour lesquels la science n'a pas encore entièrement résolu toutes les questions, ce qui laisse la voie à l'exploration de nouveaux procédés et des recettes inédites.

Pour illustrer ce phénomène de pic et de bosse, prenons le cas de la madeleine. La bosse de la madeleine, dont chacun prétend avoir le secret, n'est en fait que le résultat de ce qui vient de vous être décrit : la bosse est plus prohéminente dans des recettes où la quantité de farine est supérieure ou proche de la quantité d'oeufs et ou la farine a été bien imprégnée par les oeufs et le beurre puisque avec des blancs d'oeufs montés ont n'obtient pas de bosse. De ce fait, toutes les stratégies concernant la cuisson, le passage au froid ne sont que folklore si l'on maîtrise le processus de réalisation. Cependant, ce que je qualifie de folklore pourrait prendre du sens dans le cas où l'appareil à madeleine a une faible viscosité. A ce titre, il faut vous rappeler –à l'origine– que la madeleine n'avait pas de bosse. Biskmark dans ses carnets

Pâtes battues

de voyages la décrit comme un melon. En effet, la madeleine était moulée dans la coque d'une coquille saint-jacques. Ce n'est que vers la fin du XIXe siècle que les moules, tels que nous les connaissons aujourd'hui font leur apparition. Et il n'est pas certain que les premières madeleines aient eu une bosse du fait que la recette originale était réalisée avec des blancs d'oeufs montés dont une étude japonaise (Effects of Different Preparation on Madeleine Texture and Sensory characteristics. Makiko Takasawa. Hiromi Endo. Yoko Miyachi) révèle qu'elle offre les meilleures qualités que la méthode classique contemporaine.

L'important n'est donc pas de rechercher la plus grosse bosse ou encore chercher à avoir des pâtes battues très gonflées, mais de trouver l'équilibre nécessaire pour avoir le produit le plus agréable à manger et qui est en cohésion avec l'usage que l'on souhaite faire du produit.

Il est important de signaler que la farine faible en protéines n'est pas la seule à pouvoir être utilisée dans les pâtes battues, le recours à des farines plus fortes en protéines peut-être utile dans le cas où la quantité de farine est faible ou dans le cas où il est nécessaire de maintenir de gros fruits en suspension. Pour que cette suspension puisse avoir lieu, il faut avoir un milieu ayant une bonne viscosité, donc moins fluide. Cependant cela peut se faire au détriment de la texture. C'est pourquoi, –comme il sera décrit ci-dessous– il est possible de faire subir un traitement de chaleur à des farines faibles en protéines – farine de blé biscuitier (farine à pâtisserie Amérique du Nord)– pour en améliorer leur capacité.
Dans le cas d'une farine plus riche en protéines, les quantités de sucre peuvent être plus conséquentes sans que cela entraîne un affaissement du produit en autant que la recette soit équilibrée, comme cela sera vu plus tard dans ce chapitre. Il faut signaler qu'en France certaines farines T55 sont assez faibles en protéines, mais cela ne signifie pas pour autant qu'elles offriront un aussi bon résultat que la farine de blé biscuitier, par contre elles peuvent donner de bons résusltats lorsque la fluidité du mélange est plus importante.

Le traitement par la chaleur de la farine est issue de plusieurs brevets européens et américains qui ont démontré que le fait de chauffer la farine à une température d'environ 115°C durant 2h. (Baking Problems Solved Stanley P Cauvain, Linda S Young,) permettait d'améliorer les qualités de la farine (volume et coloration) et de supporter davantage l'excès de liquide, de sucre et/ou de beurre, tout en conservant les qualités d'une farine faible en protéines de type biscuitier ou de blé soft. Ce traitement a été créé pour offrir une alternative au blanchissement des farines, technique qui se pratique couramment dans certains pays anglo-saxons.

Ce bref apercu de l'impact des protéines de la farine sur les pâtes battues, souligne l'importance du rôle de la farine, son dosage et sa granulométrie dans ces produits. D'ailleurs,

La Pâtisserie du XXIe siècle : les nouvelles bases

Pâtes battues — Les pâtes

Choix du type farine en fonction de l'équilibre de la recette ne contenant ni du chocolat, ni du cacao, ni de la poudre d'amande

Farine moyenne à moyennement forte en protéines Farine de blé biscuitier- Farine de blé Soft ayant subi un traitement de chaleur	Farine de blé biscuitier- Farine de blé Soft

Quantité de farine par rapport à la quantité d'eau de la recette
Ceci comprend l'eau des oeufs, du beurre et de tout autre liquide (crème, lait)
Cas particuliers: les gâteaux contenant de gros fruits auront tendance être fait avec des farines moyennement forte ou traitée

Farine <= 86 % dans le cas ou le beurre est >=100% du poids de la farine	Farine >= 100 %
	Farine >= 86% Farine <=100% pour une quatité de sucre ne dépassant pas 110% du poids de la farine et une quantité de beurre de 80% du poids de la farine
	Farine >= 60% Farine< 86% pour le cas de biscuit avec 115% à 120% de sucre avec la possibilité de 40% à 50% de beurre dans ce cas se rapprocher de la limite supérieure

Quantité de sucre par rapport à la quantité de farine

110% -140% 60% dans le cas du muffin Dans le cas ou le sucre dépasse 120% il est préférable que la quantité de beurre soit égale à la quantité de sucre	60 % - 110 % - 120% dans le cas ou le beurre est inférieur à 80% du poids de la farine 80% non compris jusqu'à 140% dans le cas de biscuit en feuille.

Quantité de beurre par rapport à la quantité de farine

Beurre >=100% Beurre<=140%	Beurre <=100 %

Quantité de sucre et de beurre par rapport à la quantité de farine en fonction de la quantité d'oeufs par rapport au poids de la farine

Oeufs >=125 % beurre >= 100% sucre >=100%	Oeufs >=125% beurre <100% sucre <100% Oeufs < 100% 100% =< Beurre >=100% 100% <= sucre le beurre compense l'absence d'eau

Dans les deux cas de figure, il faut choisir une farine avec une grande extensibilité. L'équilibre de ces pâtes est très subtile. Il est parfois nécessaire de faire plusieurs essais pour ajuster sa texture. Cependant, les indications données dans le tableau sont le fruit de très nombreuses expériences et permettrons de guider le pâtissier.
Sachez que la farine peut être compensée de 20% à 30% par de la farine de riz poudreuse qui lui apporte de la légèreté ou encore de la fécule de riz. L'ajout d'amandes et de cacao permet de supporter davantage de sucre et de beurre, mais ne donne pas une structure identique à la farine.
Rappel important : la moyenne de sucre dans des pâtes battues ne dépasse pas les 28% (% maximum) du poids total pas plus que la matière grasse présente ne dépasse 28% (% maximum).
Démouler toujours les produits à la sortie du four pour une meilleure tenue des produits.

Pâtes battues — Les pâtes

même au sein des farines de blé biscuitier ou de farine de blé soft, le taux de protéines et la variété de blé peuvent avoir une influence sur la texture et la structure du produit.

Le sucre

Comme il a été expliqué dans l'architecture des pâtes, la manière dont celui-ci est dispersé, mais aussi la manière dont il se dissout, affecte l'apparence du produit et son goût. Les expériences réalisées montrent que la manière dont le sucre est introduit dans les pâtes a une incidence sur l'expression de saveur. Lorsque le sucre n'est pas prisonnier d'un système complexe, c'est à dire qu'il est davantage dispersé que comprimé, sa saveur se ressent davantage et cela a un impact positif sur le produit. Après un repos, plus ou moins prolongé de la pâte au réfrigérateur, la saveur du sucre s'estompe après cuisson. Cependant, quels que soient les phénomènes, la quantité idéale afin que le sucre soit le mieux perçu –sans pour autant avoir un produit sucré– est de 120% de sucre du poids de la farine. Néanmoins, cette valeur dépend en partie des proportions de la recette. C'est pourquoi le pourcentage de sucre sur le total de la recette apparaît dans certains cas une meilleure référence.

Le beurre

Le beurre en crème est la méthode la plus utilisée dans les cakes car il permet au mélange de sucre et de beurre de faire entrer de l'air. Dans l'industrie, le mélange de sucre et du beurre peut durer 10mn. Dans les autres préparations, le beurre est utilisé fondu. Ce qui est important pour le beurre, c'est sa plasiticité. Il a été vu précédemment que le beurre comme le chocolat pouvait être tempéré.

Le beurre en crème ne permet pas toute la latitude nécessaire à la bonne réussite des préparations et il peut arriver, lors de l'ajout des oeufs, d'avoir une séparation de la matière grasse. D'autre part, le beurre fondu est loin d'apporter la texture idéale quand il est ajouté en fin de préparation. C'est pourquoi, j'ai développé la méthode de l'émulsion à partir de beurre fondu et émulsionné aux jaunes d'oeufs et au sucre. La température du beurre va fluctuer de 23°C à 28°C voire au-delà en fonction de la température de la pièce, de la tempéarature des jaunes et de la durée du mélange. La consistance va varier en fonction de la préparation à réaliser. En général, il est préférable d'avoir une crème légèrement moins épaisse que peut avoir un beurre pommade, car cela permet une meilleure dispersion des autres ingrédients. En général, il est suggéré, qu'en fin de préparation, le mélange ait atteint environ 21°C.

D'autre part, la quantité de beurre a un impact sur la structure du produit et sur sa texture. Une grande quantité peut affecter le volume du produit et donner une texture plus ou moins pâteuse, dense voire lourde en fonction du type de farine, de l'équilibre de la recette et de la

Pâtes battues — Les pâtes

méthode utilisée. 80% de beurre par rapport à la quantité de farine peut être une bonne moyenne, mais cela dépend beaucoup des quantités de liquide et de sucre présentes dans la recette.

Les oeufs

Les oeufs apportent de la structure et vont influencer la texture.

Les blancs d'oeufs :

Ils vont agir comme gélifiant et donner de la cohésion aux pâtes, Dans le cas de blancs d'oeufs non montés la texture sera plutôt ferme. Les blancs montés vont contribuer à aérer le produit et lui donner une texture plus sèche. Cette texture sèche tend à disparaître avec des produits plus riches en beurre et en sucre. Si le produit est plus riche en sucre qu'en beurre et/ou ne contient pas de jaunes d'oeufs, en fonction de l'ajout de sucre, cela peut donner un côté collant à la texture. On peut retrouver parfois ce défaut avec les financiers ou certains types de biscuits. Les blancs d'oeufs peuvent être remplacés par du lait ou de la crème en prenant soin de maintenir l'équilibre de la recette.

Les jaunes d'oeufs :

Ils vont apporter de la saveur et de la friabilité lorsque leur quantité est importante. Ils vont avoir tendance à donner une texture plus dense, d'autant plus si leur quantité dépasse 80% dans des biscuits contenant du beurre et 40% dans des produits de type cake. C'est pourquoi dans certains gâteaux au chocolat, il préférable d'utiliser moins de jaunes et davantage de blancs montés. La quantité de jaunes d'oeufs est en relation avec la quantité de matière grasse et de liquide. Plus il y a de matière grasse, moins il y a de jaunes d'oeufs. Plus la pâte est fluide, plus il est possible d'augmenter les jaunes d'oeufs. Le jaune d'oeuf agît comme émulsifiant et permet de stabiliser la matière grasse. Ajouter un peu de jaunes d'oeufs dans les financiers peut contribuer à la texture en stabilisant la matière grasse, ce qui permet d'avoir un produit qui paraît moins beurré.

Le cas des amandes et du chocolat

La particularité des amandes et du cacao sec et qu'ils sont riches en protéines et en fibres. Les deux absorbent beaucoup d'eau. Si les protéines apportent de la structure, leur rôle de soutien est plus fragile que celui de la farine, en partie à cause de l'absence d'amidon. Le cacao en poudre apporte légèrement plus de structure que les amandes, même si le pouvoir structurel de celles-ci n'est pas négligeable. Cependant, il est reliée à la granulométrie de la poudre d'amandes. Ces deux ingrédients alourdissent les produits et généralement, il est conseillé de diminuer la quantité de farine bien plus que ce que suggèrent les livres actuels,

Pâtes battues — Les pâtes

comme cela sera expliqué ci-dessous, ou mieux encore d'augmenter la quantité de liquide. L'apport de cacao et d'amandes en poudre entraîne une augmentation de sucre et de beurre. Dans ce cas, il est possible d'utiliser invariablement une farine forte ou faible en protéines en fonction de l'équilibre de la recette.

Après plusieurs mois d'expérience avec le chocolat, j'en suis arrivé à déterminer que 1g de cacao sec pouvait remplacer jusqu'à 3g de farine ou pouvait entraîner une augmentation 2.8 fois son poids en liquide.

Ex : pour 20g de cacao sec, il faut diminuer au maximum de 60 g de farine ou augmenter de 20*2.8 = 56g d'eau

Pour chaque gramme de cacao sec, il faut ajouter un minimum 1.2g de sucre et 1.4g de beurre. (ces valeurs sont celles que j'ai choisies à vous de choisir les vôtres en ne descendant pas au-dessous de 1g de sucre et 1g de beurre). Le cacao sec, le sucre, et le beurre doivent être fondus au bain-marie comme pour le chocolat avant l'incorporation à toute préparation. Le cacao doit apporter une saveur comparable au chocolat afin que le cacao puisse être un produit de saveur et non pas un produit d'aromatisation. Le cacao sec doit représenter 3.6% du poids total dans le cas de cacao en poudre et 6% du poids total dans le cas du chocolat. Sur le site patisserie21.com, un outil vous permettra de transformer vos pâtes en pâtes contenant du chocolat ou du cacao selon votre type de chocolat ou votre type cacao. Vous pourrait ajuster tous les paramètres selon vos critères.

Pour ce qui est des amandes le total varie d'une pâte à une autre, Cependant même si cela demande encore des études pour arriver à des valeurs comme pour le chocolat, je peux affirmer que si la quantité de farine est importante, la quantité d'amandes doit être moindre et sa granulométrie plus importante. A l'inverse si la quantité d'amandes est importante, la quantité de farine est faible et la granulométrie des amandes doit être fine.

Je conseille de faire revenir la poudre d'amandes avec une noix de beurre, jusqu'à une belle couleur blonde qui, en refroidissant, donne une couleur or. Et dans le cas où l'on souhaite la parfumer, d'imprégner les amandes en poudre avant cuisson. Au cours de cette cuisson l'alcool ou l'eau va s'évaporer et le parfum va imprégner les amandes et leur donner une saveur prononcée. Cette saveur sera plus intense après que le gâteau ait eu une journée de repos après cuisson. Il est nécessaire de repasser au tamis les amandes en poudre, après les avoir traitées ou de les passer légèrement au robot . Comme pour le chocolat, pour chaque 1g d'amandes, il faudra au minimum 1g de sucre et 0.8g de beurre. Les amandes doivent être mélangées avec le sucre et le beurre chaud avant d'incorporer ce mélange à l'émulsion ou aux jaunes montés avec le sucre dans le cas où il n'y a pas plus de beurre que celui qui est ajouté aux amandes. Les parfums pourraient être aussi ajoutés à cette préparation et la

La Pâtisserie du XXIe siècle : les nouvelles bases

Pâtes battues

Les pâtes

Type de texture en fonction des ingrédients mesurés par rapport à la quantité de farine	
+ Liquide + Beurre + Sucre Farine faible biscuitier -soft	Texture plus ou moins pâteuse
+ Liquide + Beurre + Sucre Farine forte à moyenne forte en protéines	Texture plus ou moins fondante à crémeuse
+ Liquide – Beurre –Sucre Farine forte à moyenne forte en protéines	Texture aérée - caoutchouteuse à friable
+ Liquide – Beurre – Sucre Farine faible biscuitier -soft	Texture aérée plus ou moins moelleuse
–Liquide – Beurre –Sucre Farine faible biscuitier -soft	Texture plus ou moins sèche
–Liquide – Beurre – Sucre Farine forte à moyenne forte en protéines	Texture sèche à inadéquate
+/–Liquide – Beurre + Sucre Farine forte à moyenne forte en protéines	Texture plus ou moins caoutchouteuse à sèche
+/–Liquide – Beurre + Sucre Farine faible biscuitier -soft	Texture plus ou moins moelleuse à sèche Plus ou moins aérée
+/-Liquide + Beurre - Sucre Farine faible biscuitier -soft	Texture plus ou moins fondante à friable
+/-Liquide + Beurre - Sucre Farine forte à moyenne forte en protéines	Texture plus ou moins à friable à moelleuse

Ce tableau est à titre indicatif afin de donner des repères aux pâtissiers. Bien entendu, la méthode choisie, la manière de réaliser le produit, le type de sucre choisi, la présence de fruits frais ou de fruits trempés, la température de cuisson, le moule dans lequel le produit est réalisé, l'ajout de fécule, la présence de poudre levante vont avoir de l'impact sur la texture du produit. Il est important de spécifier que le beurre a tendance à donner une texture beaucoup plus compacte voire lourde que le sucre. D'autre part le sucre peut donner une texture plus ou moins sèche en fonction de sa quantité. De même que le choix de remplacer une partie des oeufs par du lait ou de la crème ou par l'ajout de pulpe de fruit peut entraîner une texture plus moelleuse ou fondante, sachant que les blancs d'oeufs assèchent le produit et peuvent le rendre caoutchouteux. L'équilibre des matières premières et leur choix est indispensables pour obtenir le produit adéquat.

préparation mise à maturer pour plusieurs heures.

Les différentes méthodes de réalisation

Les méthodes de réalisation des pâtes battues font souvent allusion à la nécessité de faire entrer de l'air dans les pâtes lors du mélange. L'importance mise sur l'incorporation de l'air est disproportionnée par rapport à la réalité. En effet, la présence d'air dans une pâte battue

Pâtes battues

Les pâtes

ne compte que pour 10% dans le volume du produit. Les 90% sont attribués à la transformation de l'eau en vapeur d'eau dans des bulles d'air (Technology of cake making). Le fait d'avoir de petites bulles d'air de taille similaire permet une meilleure stabilité du produit et une texture plus uniforme. Pour ce faire, il faut mélanger à vitesse moyenne pour une durée suffisante. Un mélange trop poussé donne une texture plus compacte. Le choix d'ajouter les blancs d'oeufs montés permet d'offrir une texture toujours plus aérée et mieux adaptée. Une étude japonaise (Effect of Egg-Mixing Procedure on the Qualities of Butter Cake) démontre que quel que soit le cas de figure, le blanc d'oeuf en neige offre toujours une meilleure texture.

Les blancs d'oeufs ne doivent jamais être montés à leur maximum, auquel cas leur incorporation est moins homogène. Il est préférable d'avoir des blancs stables sans pour autant être trop montés. De ce fait, l'ajout de sucre devient indispensable. J'avais déterminé dans mon premier livre que la quantité de sucre ne devait pas dépasser 1/4 du poids des blancs d'oeufs. Ceci n'est vrai que lorsque la quantité de beurre est faible et/ou en l'absence de jaunes; les blancs d'oeufs montés sucrés auraient un effet collant en bouche. Pour ceux qui est de l'incorporation du sucre dans les blancs, il est préférable de l'ajouter en deux fois, une partie au départ et une partie en fin de montage comme le signale une étude sur les meringues présentée dans le compte rendu du séminaire No6 de gastronomie moléculaire (INRA/Collège de France/ESCF du 12 avril 2001). Il a été montré que pour obtenir le meilleur compromis stabilité/foisonnement, il faudrait utiliser du sucre semoule en incorporant la moitié du sucre en début de battage et l'autre moitié en fin de battage. (Source : Étude de l'influence de la granulométrie du sucre dans les meringues ; travail effectué à l'ENSBANA Dijon, avec la collaboration de mesdames Le Meste M. et Roudaut G. Février-Mars 2001).

La méthode du "crémage" :

le beurre est mis en crème (température 21°C à 23°c), puis le mélange est fouetté avec le sucre avant d'ajouter délicatement –à même température– les oeufs un à un. Finalement la farine est ajoutée délicatement.

Les oeufs montés en mousse

Les oeufs et le sucre sont montés en mousse avant d'ajouter le beurre fondu à haute température puis de disperser délicatement la farine. Il est important que le beurre soit chaud au minimum de 50°C. Selon une étude japonaise (Effect of Butter Temperature on the Quality of Egg Foam for Baking Sponge Cake. MAEDA TOMOKO, ASAKAWA TOMOMI, MORITA NAOFUMI), lorsque le beurre chaud est introduit dans le mélange, les bulles d'air se maintiennent et améliore la stabilité de la mousse. Par la même occasion, cela favoriserait le volume du produit. Il est important de noter qu'en l'absence de beurre ou en présence d'une faible quantité, les oeufs montés donnent une texture plus sèche au produit.

La Pâtisserie du XXIe siècle : les nouvelles bases

Pâtes battues — Les pâtes

Le mélange farine-beurre

La farine est mélangée au beurre crémé ou fondu avant d'ajouter les oeufs battus complétement ou partiellement avec le sucre. Les oeufs partiellement battus permettent de mieux s'incorporer et évitent de corser le mélange. L'incorporation se fait préférablement en plusieurs fois. Le fait de jouer avec la température du beurre permettrait d'avoir un mélange plus adéquat et permettrait d'ajouter uniquement les jaunes d'oeufs et le sucre plus ou moins montés, et incorporer ensuite les blancs d'oeufs de préférence montés pour un mélange plus léger. Cette méthode est reconnue par de nombreuses études menées par l'industrie comme celle qui procure le produit le plus moelleux.

La méthode de l'émulsion (description complète dans le chapitre sur l'architecture des pâtes)

La méthode le l'émulsion est le mélange des jaunes et du sucre avant d'ajouter le beurre fondu pour générer une émulsion, ensuite une partie de la farine est dispersée dans le mélange, puis est ajoutée une partie des blancs d'oeufs montés avant de finir par incorporer le restant des blancs d'oeufs montés et de la farine.

Le choix de la méthode

J'ai décidé de ne plus utiliser la méthode du crèmage d'autant plus si la quantité des oeufs est supérieure ou égale à la quantité de farine. La méthode farine-beurre est une alternative au crémage. Cependant, il faut faire attention de ne pas corser le mélange particulièrement lorsque la quantité d'oeufs est plus ou moins importante. La méthode des oeufs montés peut s'avérer intéressante dans certains cas particuliers, par exemple en présence d'une faible quantité de farine et une forte quantité de chocolat. La méthode de l'émulsion est celle que je préconise. Elle offre une grande flexibilité puisqu'elle peut se préparer à l'avance et qu'elle permet une excellente conservation au froid de la préparation même avec des blancs montés.

Cake ou biscuit au beurre ?

Le cake est devenu un classique de la pâtisserie française, à commencer par le cake marbré. Cependant, bien souvent les cakes et les gâteaux de la même famille offrent des textures denses manquant de légereté. Certes leur conservation en fait un atout. Néanmoins, les textures fondantes et moelleuses suscitent davantage le plaisir. Dans ce sens, il faut privilégier des pâtes plus fluides et opter pour des versions de biscuits beurrés qui peuvent se réaliser avec des blancs montés ou non montés ou encore un mélange des deux. L'équilibre de la recette va permettre de contrôler la viscosité de l'appareil et faire varier les textures sans avoir une texture dense. Par la même occasion, cela permet de réintroduire la tradition du biscuit. Le biscuit pourra être servi soit nature, soit servir de support aux entremets, soit

Pâtes battues — Les pâtes

être garni de confiture ou de crème de votre choix. (voir biscuit au beurre façon cake page 118)

Comment construire sa propre recette

Il est important de comprendre que la création de votre recette est à l'image de ce que vous êtes. Elle va représenter votre signature. Ne cherchez pas à vouloir reproduire tel ou tel autre produit. Cherchez à définir vos goûts et ce que vous attendez du produit crée. Voyez toujours si le biscuit va être consommé en l'état ou être accompagné de crème. Si le produit sera réfrigéré ou encore mangé à température pièce. N'oubliez pas de faire des essais de conservation sur 5 jours à 1 semaine, mais aussi de surgélation lorsque les biscuits servent de base à des entremets. Ce genre de produits peuvent perdre leur saveur et leur texture après décongélation.

L'exercice va demander une certaine habitude que vous allez très vite acquérir. Pour cela, il va falloir faire montre de patience et être très organisé dans vos tests. L'important est de travailler en petites portions pour pouvoir faire autant d'essais que vous le souhaitez. Je fonctionne en général sur un oeuf de 50g. A partir des oeufs, je détermine ma quantité de farine et à partir de ma quantité de farine, je détermine ma quantité de sucre et de beurre.

La farine quelle qu'elle soit, à une capacité d'absorption plus ou moins importante. Sa capacité d'absorption diminue en fonction de la quantité de beurre et de sucre présente dans la recette. En général, plus il y a de sucre et de beurre moins il y a d'eau, mais ce n'est pas une régle absolue. Dans certains cas, la quantité de beurre peut être remplacée par un liquide comme une pulpe de fruit. De même que les oeufs peuvent être remplacés en partie par un liquide, lait, crème, jus de fruit, particulièrement lorsque la quantité de farine est supérieure à la quantité d'oeufs. La présence de poudre levante devient alors indispensable. Gardez en mémoire que l'eau, le lait, la crème ne remplacent pas tout à fait les oeufs puisqu'ils n'ont pas de pouvoir de liaison ou de gélification. De ce fait, il faut en mettre bien moins que les oeufs retirés de la recette.

Je m'assure de travailler toujours avec deux farines une farine de type biscuitier, farine de blé soft et une farine plus ou moins riche en protéines. Cela permet de comparer les résultats et d'ajuster la structure et la texture.

Voici une recette que j'ai mise au point et baptisée la Québécoise qui est au maximum de sa quantité de liquide, pour la quantité de sucre et de beure. Cela donne un produit étonnant.

La Québécoise :
80g de jaunes d'oeufs, 192g de blancs d'oeufs, 140g de farine riche en protéines, 200g de

La Pâtisserie du XXIe siècle : les nouvelles bases

Pâtes battues

Les pâtes

sucre, 200g de beurre.

Les appareils à biscuit devraient obligatoirement contenir du beurre au minimum 40%. Au Japon où les gâteaux de type cake et appareils à biscuit sont très populaires, leurs appareils à biscuit sont riches en beurre, ce qu'on nomme en anglais Butter Sponge Cake. Ces biscuits rappellent certains anciens appareils à biscuit de la pâtisserie française. Voici une recette type.

Butter Sponge Cake
4 oeufs (200g) 100g de sucre 80g de beurre 0.5g de poudre levante.

Conclusion

Les pâtes battues sont reconnues pour être les plus faciles à réaliser. Pourtant sous leurs apparences, ce sont les pâtes les plus complexes. Il ne suffit pas de réaliser un biscuit ou un cake si le produit n'est pas capable de conserver son moelleux au-delà d'une journée, si le produit est lourd, plus exactement étouffe-chrétien comme c'est souvent le cas ou encore que la texture est compacte voire sèche. L'art des biscuits et des pâtes battues est de pouvoir avoir un produit à la fois moelleux, agréable à manger et capable de maintenir sa fraîcheur au moins 4 à 5 jours.

Technique de création des pâtes battues

Pour réaliser un biscuit ou un cake avec la texture souhaitée, il est faut s'imaginer que la pâte ressemble à une machine que l'on construit donc chaque ingrédient est un levier qui permet d'influencer la structure et la texture du produit. Le schéma suivant va permettre d'orienter votre travail et permettre de faire le bon choix en fonction de vos priorités.

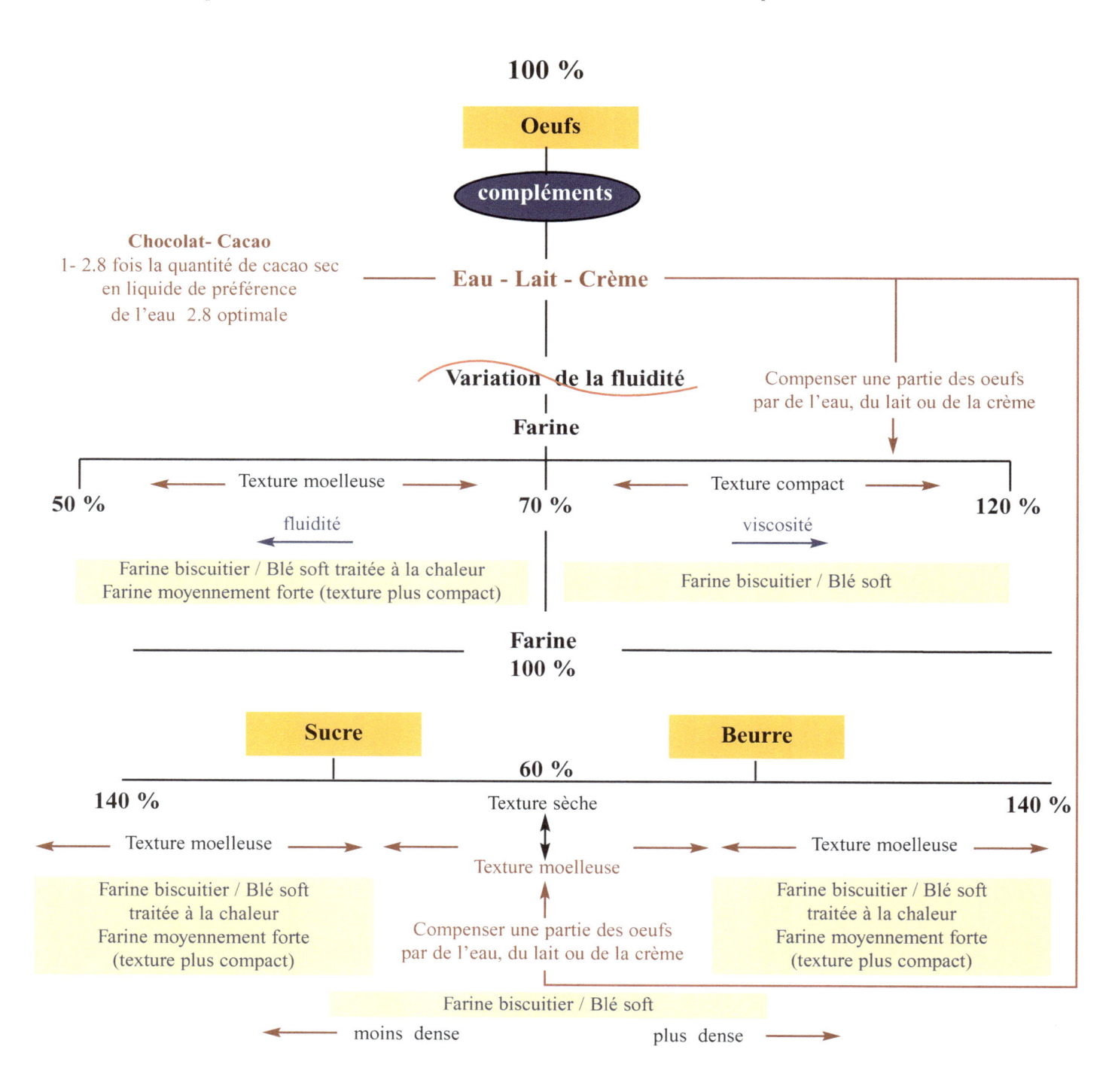

100 %

Oeufs

compléments

Chocolat- Cacao
1- 2.8 fois la quantité de cacao sec en liquide de préférence de l'eau 2.8 optimale

Eau - Lait - Crème

Variation de la fluidité

Compenser une partie des oeufs par de l'eau, du lait ou de la crème

Farine

50 %	← Texture moelleuse	70 %	← Texture compact →	120 %
	fluidité →		viscosité →	

Farine biscuitier / Blé soft traitée à la chaleur
Farine moyennement forte (texture plus compact)

Farine biscuitier / Blé soft

Farine 100 %

Sucre   **Beurre**

60 %

140 % Texture sèche **140 %**

← Texture moelleuse →   Texture moelleuse   ← Texture moelleuse →

Farine biscuitier / Blé soft traitée à la chaleur
Farine moyennement forte (texture plus compact)

Compenser une partie des oeufs par de l'eau, du lait ou de la crème

Farine biscuitier / Blé soft traitée à la chaleur
Farine moyennement forte (texture plus compact)

Farine biscuitier / Blé soft

← moins dense   plus dense →

Technique de création des pâtes battues au chocolat et au cacao

Pour obtenir des produits, à la fois savoureux, bien chocolatés et légers, il est indispensable de bien équilibrer vos recettes ce qui n'est pas souvent le cas avec ce type de produit. Après, un long travail de recherche, j'ai élaboré une formule mathématique qui permet de générer des recettes équilibrées. Cette formule a été mise sous forme de logiciel disponible sur le site patisserie21.com. L'explication qui suit va vous permettre de mieux comprendre les paramètres qui permettent d'équilibrer une recette au chocolat et au cacao

Le chocolat et le cacao ont pour base le cacao sec, c'est-à-dire la poudre de cacao à "l'état brut" dénuée de beurre, et de sucre. Ce cacao sec est composé de protéines et de fibres si les protéines apportent de la structure, les fibres peuvent nuire à la structure car elles sont très avides en eau. De ce fait, elles sont capables d'absorber l'eau requise par la recette. L'autre particularité des fibres et d'être aptes à s'imprégner de la matière grasse.

Consulter le tutoriel du logiciel pour plus d'explications

Cacao Sec
- Capacité d'absorber jusqu'à **3 fois son poids en eau** / idéal 2.8
- Compenser l'amertume au minimum avec **1. 4 fois son poids en sucre**
- Compenser l'amertume et apporter du fondant avec au minimun **1. 8 fois son poids en beurre**

Teneur en cacao sec sur le poids total de la recette
6 % - 5.5% chocolat
3.4% poudre de cacao

Retirer de la farine max 2.8 le poids de cacao sec
Texture crèmeuse
faible volume

Ajouter du liquide max 2.8 le poids de cacao sec
Texture moelleuse
volume variable

× 1.4 Sucre - × 1.8 Beurre

Cette équilibrage permet de balancer différemment la recette et enrichir la texture sans pour autant ajouter autant de liquide que le poids en cacao sec

Équilibrage (optionel)
ajout de farine du poids du cacao sec
ajout du poids en eau de la farine
ajout du poids en sucre de la farine
ajout du poids en beurre de la farine

Biscuit au Beurre façon Cake

72 g de jaune d'oeufs (4 jaunes)
144-160 g de sucre (1)
12 g d'eau
120 g de beurre fondu à 40°C
128 g de blanc d'oeuf (4 blanccs)
92 g de farine moyennement forte
28 g d'amidon de riz
3 g de poudre levante (action rapide. Eviter celui contenant du polyphosphate de sodium pour des raisons de saveur)

(1)-Avec une farine forte, 160g en tout temps, sinon uniquement pour biscuit en feuille. 144g dans le cas d'une farine plus faible en protéines. Pour un biscuit plus bombé 144g.

Suggestions
Je vous invite à réaliser le même produit avec une farine biscuitière ou une farine de blé soft. Vous pourrez constater la différence des mies et l'effet sur la structure du produit. Je ne vous en dit pas plus. Faites un essai sans fécule et avec fécule.
Je vous invite à essayer une version ou les blancs sont montés en neige en prenant 20g de sucre des 160g pour les stabiliser et en dispersant ensuite le mélange farine, fécule et poudre levante. Essayez à nouveau avec deux farines différentes avec et sans fécule.

La préparation se réalise entièrement au fouet.

Séparer les jaunes d'oeufs des blancs

Mélanger la farine, la fécule et la poudre levante

Important : Utiliser des oeufs froids provenant du réfrigérateur.

Fondre le beurre est le maintenir à 40°C.

Mettre les jaunes d'oeufs dans la cuve du batteur avec le sucre et l'eau

Important : En présence d'arôme, d'eau de fleur d'oranger ou d'eau de rose la quantité d'eau peut être abaissée d'autant la quantité d'eau présente dans ces produits. La quantité d'eau minimum est de 4g quelle que soit la quantité de parfum ajouté. Pour l'essence, la quantité d'eau à abaisser varie en fonction du type de produit
Dans le cas d'une farine faible en protéines, il est possible de ne mettre que 4g d'eau.

Monter en mousse les jaunes, le sucre et l'eau pour obtenir un beau ruban comme sur la photo ci-contre.

Ajouter le beurre fondu à 40°C en deux ou trois fois pour obtenir le mélange comme sur la photo ci-contre.

Ajouter le mélange, farine, fécule et poudre levante et en même temps les blancs d'oeufs.

Mélanger 1mm à 2mn. Le mélange ne doit pas être trop long pour ne pas corser la pâte.

Dans le cas ou le biscuit forme un X –il s'enfonce sur les côtés- c'est soit un excès d'eau par rapport au type de farine, soit un excès de poudre levante

Biscuit au Beurre façon Cake

Oeufs Eau Sucre

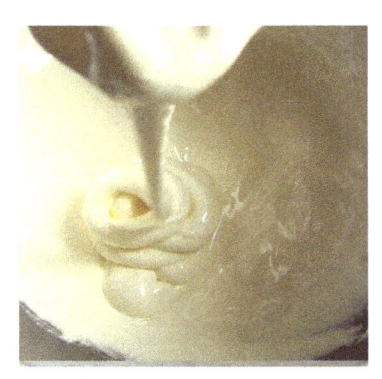

Oeufs Eau et Sucre Montés

Émulsion
Oeufs Eau Sucre + Beurre

Pâte levées   Les pâtes

Bref historique des pâtes levées

Viennoiserie est le terme générique le plus utilisé par les pâtissiers pour désigner les pâtes levées, le plus souvent sucrées. Pourtant, le terme viennoiserie est tout récent dans la langue française. C'est un néologisme probablement introduit à la fin des années 1970. Le centre national de ressources textuelles et lexicales fait référence à des citations des années 1980, il n'y aucune référence à des citations antérieures. Dans la section étymologie, on ne trouve aucune référence à viennoiserie à proprement dit, mais plutôt à viennois ou viennoise en parlant de boulangerie viennoise ou de pâtisseries viennoises ou encore de garniture viennoise. 1876 est la date de référence la plus ancienne pour parler de boulangerie viennoise. Aucune présence non plus de viennoiserie dans le Larousse de 1905, dans le Littré ou dans la 9e édition du Dictionnaire de l'Académie française. Pourtant la première boulangerie viennoise à vu le jour en 1836, voire 1838, grâce à l'autrichien August Zang qui s'installe au 92 de la rue Richelieu et fait découvrir aux Parisiens le pain viennois. Le pain viennois est l'ancêtre de la baguette et n'est d'aucune façon associé avec le pain viennois vendu de nos jours dans les boulangeries françaises. D'ailleurs, jusqu'aux années 1930, la baguette réalisée avec une poolish (préferment semi-liquide) étaient nommée pain viennois. La baguette appartenait –à ce qui s'appellait alors– les pains fantaisies, des pains de moins de 500g, à base de levure, qui se distinguaient de ce qu'on appelait alors le pain français, un pain au levain.

Hormis la brioche, dont j'ai longuement parlé en introduction du livre, il existe au XIXe siècle un nombre fort important de pâtes levées faiblement sucrées. Cette tradition ne découle pas de la tradition française de la brioche ou des pâtes levées régionales, mais de la tradition viennoise, allemande et plus généralement des pays de l'Est dont le produit le plus connu, à cette époque, est le gugelhupf et le baba avec sa déclinaison française, le savarin. Le gugelhupf aurait fait son entrée dans les livres de pâtisserie en 1840 selon le mémorial de la pâtisserie de Pierre Lacam. Ce gugelhupf, très réputé dans l'Est de l'Europe, a une histoire bien complexe comme les historiens autrichiens nous le rappellent. Cependant, il existe deux grandes périodes pour le gugelhupf qui vont donner deux produits différents dont je prétends que l'un deux serait l'ancêtre des cakes contemporains. Le gugelhupf est une pâte qui oscille entre la brioche et la pâte à baba, mais avec une grande quantité de beurre. Les versions les plus riches en beurre et en oeufs peuvent rappeler les proportions d'un biscuit, à

La Pâtisserie du XXIe siècle : les nouvelles bases

Pâte levées   Les pâtes

l'exception de la quantité de sucre. Ces gugelhupfs sont réalisés avec de la levure jusqu'à la naissance de la poudre levante (baking powder) vers la fin du XIXe siècle (1). Celle-ci va remplacer la levure et faire du gugelhupf autrichien un cake reléguant le tradition de la pâte levée au second plan. De nos jours, la tradition du gugelhupf autrichien est bien plus associée à la version cake qu'à la version de la pâte levée, comme on peut le constater sur le site http://www.grandguglhupf.com affilié au Grand Hôtel de Vienne. Le plus célebre d'entre eux et le gugelhupf marbré (marmorgugelhupf) qui doit être à l'origine du cake marbré dont la Hongrie en fabrique toujours pour Noël une version en pâte levée.

Qu'en est-il du Kougelhopf alsacien ?

Selon l'émission « Des talents et des gens » diffusée par FR3 Alsace en 1978, le kougelhopf alsacien serait autrichien. Il aurait été introduit avec l'arrivée de Marie-Antoinette. Cependant, il ne fait son apparition officiellement qu'en 1811 dans le livre de Margareta ou Marguerite Spoerlin publié à Mulhouse. La recette est la même que la recette autrichienne du bauerngugelhupf. La recette autrichienne du bauerngugelhupf, que l'on retrouve aujourd'hui sur les sites autrichiens, n'est qu'une version modifiée où la poudre levante a remplacé la levure comme c'est le cas pour la plupart des gugelhupf autrichiens. La version à la levure est plus rare à trouver.

Du gugelhupf au baba il n'y a qu'un pas. Selon certains historiens, le gugelhupf serait arrivé en France avec Marie Leczczynska fille du roi de Pologne venue épouser le roi Louis XV. Ce dernier aurait offert l'exil à son beau père le roi de Pologne Stanislas Leczczynski qui deviendra duc de Lorraine. Gourmet et gourmand, Stanislas aurait décidé d'arroser son gugelhupf d'un vin doux qui aurait donné naissance au baba. Il l'aurait baptisé Ali-Baba car il avait un faible pour les contes des mille et un nuits. Cette histoire du gugelhupf n'est, probablement, que pure légende. Allons plus loin. Le terme gugelhupf, s'il existe dans divers pays de l'Est sous différentes orthographes, est absent du vocabulaire polonais. Le produit s'apparentant au gugelhupf s'appelle, en Pologne, la babka qui signifie en polonais grand-mère. La babka comme le gugelhupf est une pâte fortement hydratée, mais serait moins riche en beurre que le gugelhupf autrichien. Tout les deux sont moulés dans le même type de moule. De ce fait, ce serait la babka qui serait arrivée en France au XVIIIe siècle et qui, effectivement, a été transformée en baba par l'ajout de vin doux. Babka aurait été françisé comme cela se faisait souvent à l'époque pour devenir baba ou encore baba polonais. A noter, tout comme le gugelhupf autrichien, la babka polonaise ne se fait plus à la levure ou rarement, mais à la poudre levante.

En fait, la France, si elle avait conservé les variantes des gugelhupf introduites au XIXe siècle, aurait préservé une tradition plus diversifiée des pâtes levées dont les produits sont bien

Pâte levées

Les pâtes

plus agréables à savourer que les cakes d'aujourd'hui. Heureusement, le kougelhopf alsacien a été maintenu dans les bases de la pâtisserie française, sans doute grâce aux pâtissiers alsaciens nombreux dans la profession. Cependant, les pâtissiers français du XIXe siècle ne se sont pas contentés des gugelhupfs et des babas venus d'ailleurs, ils ont créé le savarin et le gâteau de Compiègne aussi appelé le gâteau chaudron. Réintroduire nombre de ces variantes, nous obligeraient à affiner des méthodes oubliées, comme celle de travailler avec des pâtes dont la recette s'apparente à celle d'un biscuit de Savoie au beurre peu sucré ou moyennement sucré et moyennement beurré, mais qui est levé. Un pur délice !

De nos jours, influencés par l'industrie, les pâtissiers se sont mis à faire des buns les fameux pains à hamburger. Une fois encore, l'influence de l'industrie oriente les pâtissiers alors même que la pâtisserie française et européenne renferme des trésors qui méritent d'être découverts ou redécouverts. La paradoxe, c'est que le bun américain aurait une très lointaine origine française et plus précisément alsacienne. Avant de vous en fournir les explications, je tiens à vous signaler que le buns américain n'a rien à voir avec le « hot cross buns » anglais dont on trouve la recette dans les livres français du XIXe siècle..

Mon enquête débute avec l'existence d'une pâte levée appelée solilem, et certains pâtissiers du XIXe siècle prétendent que cette pâte serait alsacienne. Cependant, comme cela se fait-il qu'elle ne se soit pas maintenue dans le patrimoine alsacien ?. D'autres prétendent que l'on ne retrouverait pas sa trace en Alsace. Pourtant, « le Grand Robert » de la langue française donne pour référence le Larousse 1904 où solilemme serait un mot alsacien sans préciser sa définition. Pourtant, on ne retrouve aucune référence dans « le Petit Larousse illustré » de 1905 et encore moins dans un dictionnaire alsacien. D'autre part, le site allemand (http://www.gourmeteria.de) parle de la solilem(me) comme d'une brioche chaude alsacienne.

Qui a donc prétendu que l'Alsace serait à l'origine de cette brioche ? C'est dans la ville de Bath en Angleterre que l'on trouve la réponse. Selon la légende, Solange Luyon, qui aurait fui l'Alsace au XVIIe siècle, aurait emporté le secret de cette merveilleuse recette qui a fait la renommée de la ville de Bath, brioche que l'on appelle aujourd'hui « Sally Lunn Buns » (2).

Étrangement, cette recette apparaît dans les livres français sous la plume d'Antonin Carême, au début du XIXe siècle, sous le nom de solilem. Certains ont prétendu qu'il l'aurait ramenée de son voyage en Angleterre. Cependant, comme le rappelle l'historien anglais Alan Davidson, Antonin Carême a écrit son livre avant son départ en Angleterre.

Ce gâteau au beurre qui se mange chaud était populaire en France, au second empire, où l'on avait instauré la pratique anglaise du thé accompagné de gâteaux (3) .Mais avait-il été populaire sous son nom anglais, comme on le mentionne ou était-ce, la solilem, la version

Pâte levées — Les pâtes

française d'Antonin Carême et de ses successeurs ? Il faut rappeller que les gâteaux de l'époque étaient bien souvent des pâtes levées comme la brioche, le gâteau de compiègne, le kougelhopf... Étonnamment, la référence sur le site napoleon.org n'est écrite que pour la version anglaise du site; il n'y a pas de référence dans la version française. Il faut rappeller que la recette de solilem disparaît des livres de pâtisserie vers la fin du XIXe siècle.

Le mystère persiste d'autant plus que solilem a des consonnances latines. Le fait est que cette brioche devenue célèbre en Agleterre sous le non « sally lunn buns » a voyagé à travers le monde. Elle est sans doute à l'origine du bun américain qui a donné le pain à hamburger.

Les pâtes levées ont connu beaucoup de transformations à travers les différentes époques En effet, les pâtes levées du XIXe siècle contenaient beaucoup de beurre, une quantité importante d'oeufs, ou des oeufs et de la crème, mais peu de sucre. Au début du XXe siècle, on a diminué l'hydratation et le beurre et on a augmenté la quantité de sucre. Puis la crème et le lait ont été remplacés par la poudre de lait et les industriels ont remplacé les oeufs, en partie ou complètement, par des émulsifiants. De même, la quantité de levure n'a cessé de croître et le temps de fermentation a été raccourci. Tout ceci influence négativement les produits. Heureusement, certaines traditions régionales subsistent pour préserver les qualités des pâtes levées. .

La France, et plus géneralement l'Europe, a une tradition riche en pâtes levées qu'il ne faudrait pas laisser aux mains des industriels. Il serait temps que les pâtissiers se les réapproprient. La France a su rassembler, sous une seule bannière, des recettes d'ailleurs et leur à conférer une identité française afin de perpétuer la tradition. Les nouvelles génerations seront-elles à même d'en faire autant ? Il ne faudra pas se contenter des recettes existantes, mais débusquer les recettes plus rares, leur redonner une nouvelles jeunesse, adapter les méthodes de réalisation aux techniques modernes et faire naître à nouveau des pâtes levées riches en saveur et réconfortantes.

---

(1) http://www.traditionelle-lebensmittel

(2) http://www.sallylunns.co.uk/history,intro.htm

(3) http://www.napoleon.org/en/

Pâtes levées — Les pâtes

**1% à 1.7%
levure osmotolérante
à partir de 8% de sucre**

(maximum 2% en cas
de très faible hydratation)

**1% à 1.7%
levure
en deçà de 8% de sucre**

(maximum 2% voire 2.4% en cas
de très faible hydratation)

100% de farine

**2 % à 5% de
poudre de lait**

1 % de malt
(facultatif)

**8% à 80 %
de beurre**

Produit non sucré
**3% à 8%
de sucre**

Produit sucré
**20% à 25%
de sucre**

**52% à 65% teneur
en eau***
(Pour le savarin la teneur peut
monter jusqu'à 80% voire
100%)

Produits:
Oeufs, crème, lait, eau

1% à 1.7% de sel

*eau contenue dans les oeufs, la crème ou le lait tableau des équivalences des liquides page 131

La Pâtisserie du XXIe siècle : les nouvelles bases

Pâtes levées — Les pâtes

Structure des pâtes levées

Certains pensent que les pâtes levées sont du ressort des boulangers. Pourtant les pâtes levées furent depuis longtemps l'apanage du pâtissier, puisque des produits telle que la brioche étaient considérés davantage comme des gâteaux que des pains. D'ailleurs, au cours du XIXe siècle, certains pâtes levées s'appellent gâteau comme le gâteau de Compiègne. Mais qu'est ce une pâte levée ou un gâteau levé et comment sont-ils structurés ? C'est à ces questions que le chapitre tentera de répondre.

La brioche et les produits de la même famille, sont-ils des pâtes levées enrichies en oeufs et en beurre ou des gâteaux levés ?

Au regard des recettes du XIXe siècle, tout laisse à penser que la brioche est avant tout un gâteau levé plutôt qu'une pâte levée du fait de la quantité importante d'oeufs présent dans la recette; jusqu'à 16 oeufs au kilo de farine et de nos jours jusqu'à 14 oeufs au kilo, une quantité de sucre qui peut aller jusqu'à 48% dans le cas du panettone et une quantité de beurre qui avoisinait les 80% du poids de la farine pour 60% aujourd'hui.

Même la méthode utilisée à l'époque ne laisse pas de doute sur sa nature. Au XIXe siècle, les oeufs étaient ajoutés au beurre crémé avant d'introduir la farine, puis de pétrir la pâte pour finalement ajouter le levain levure.

De nos jours, la méthode utilisée pour réaliser la brioche consiste à pétrir la pâte sans le beurre. Une fois la pâte suffisamment développée, le beurre ramolli est ajouté petit à petit. Dans les livres de référence, entre autres, celui sur les pains français, Roussel, Chiron, Paillard, les auteurs justifient la méthode actuelle par le fait que le beurre, mis en début de pétrissage, nuit à la formation du gluten. Cette affirmation est loin d'être fondée.

D'abord, d'un point de vue strictement technologique, le beurre ne nuit pas à la formation du gluten autant que le sucre ou qu'une quantité trop importante d'eau. L'eau finit toujours par imbiber la farine et permettre au gluten de se former. Le beurre mis en début de pétrissage favorise le volume du fait qu'il libère la pression au sein de la pâte en favorisant

La Pâtisserie du XXIe siècle : les nouvelles bases

Pâtes levées   Les pâtes

l'extensibilité aux dépends de l'élasticité. D'autre part, il faut considérer la brioche comme un gâteau levé et non comme une pâte levée. Dans un gâteau, ce qui est important pour faire lever la pâte c'est l'eau conjuguée à l'extensibilité de la farine. La quantité importante d'eau présente dans la pâte génère la vapeur nécessaire à la faire pousser et l'extensibilité permet à la pâte de gonfler, comme cela a été démontré dans les pâtes battues. Ceci explique pourquoi l'hydratation des brioches par le passé était importante, tout comme l'hydratation des panettones. D'ailleurs les spécialistes du panettone font le choix d'une farine dont le rapport tenacité / extensibilité donne une priorité à l'extensibilité. C'est pourquoi le rapport tenacité/extensibilité (P/L) à l'alvéographe de Chopin des farines pour le panettone est de 0.55 à 0.6 pour des W autour de 300. Si la ténacité est importante, elle ne doit pas être au détriment de l'extensibilité. Vous référer à la théorie du gluten page... De ce fait, le développement du gluten n'est pas aussi important que l'on peut le croire en autant qu'il se soit développé suffisamment.

Méthodologie du pétrissage par sablage

J'ai démontré, il y a trois ans, que la brioche pouvait se réaliser par sablage pour obtenir d'excellents résultats et des volumes légèrement supérieurs à la méthode classique. Pour éviter tout échauffement, il est important d'avoir des éléments bien froids y compris le beurre. Cette méthode offre une plus grande rapidité de réalisation et permet un meilleur contrôle de l'état de la pâte sans avoir une pâte surpétrie en plus de favoriser le moelleux. La durée du pétrissage va dépendre de l'équilibre de la recette. Une pâte qui contient moins de beurre au-dessous de 20% du poids de la farine, nécessitera un pétrissage plus ou moins court en fonction de la texture recherchée. Quant à l'oxydation de la pâte, elle est retardée par la présence du beurre lorsqu'il est en quantité importante. Pourqu'il ait oxydation, il doit y avoir présence d'air. Le beurre rend difficile l'incorporation de l'air. Il faut donc un certain temps de pétrissage pour que l'air soit suffisamment introduit dans la pâte et l'oxyde.

> **Hypothèse** : lorsque l'on pétrit tous les éléments dès le départ, la pâte prend un certain temps avant de s'oxyder. L'oxydation ne commence à se produire que lorsque la farine a réussi à absorber les éléments liquides, que la matière grasse a bien imprégnée la farine et que l'émulsion s'est produite pour favoriser le foisonnement.

| Beurre avant sablage | Sablage | Pâte en fin de pétrissage | pâte boulée après le pétrissage |

La Pâtisserie du XXIe siècle : les nouvelles bases

Pâtes levées — Les pâtes

Le sablage doit être partiel. Ensuite, la feuille est remplacée par le crochet pour ajouter les oeufs. La pâte est pétrie jusqu'à ce que la boule se forme. Cette étape est délicate car si vous prolongez de trop le pétrissage, la pâte se destructure.

Il est préférable de travailler avec des ingrédients froids, d'autant plus que la quantité de beurre est importante. En fin de pétrissage, la température de la pâte ne devrait pas dépasser 24°C.

(T°Pièce + T°Eau + T°Farine + T° Beurre + 2° ou 3°échauffement pétrissage) /4 =T°de la pâte

Méthode expérimentale en cours d'étude

Méthode par repos : Il est possible après un premier mélange qui permet d'assembler les ingrédients entre eux, de laisser la pâte reposer 1h voire davantage à 15°C avant de pétrir à nouveau la pâte. Cela permet aux éléments de bien être absorbés par la farine. Cette méthode de repos permettrait une meilleure structure de la pâte et pourrait diminuer la durée du pétrissage.

Méthode Façon Ganache : Réaliser au crochet une pâte friable sucrée avec la farine, le sel, la levure le beurre et 18% du liquide du poids de la farine. Dissoudre le sucre dans le liquide restant, ajouter le liquide petit à petit à la pâte, cette fois au crochet. Pétrir. Cette méthode devrait éviter au beurre de huiler et à la pâte d'être grasse au toucher tout en favorisant la structure de la pâte.

L'impact du type de levure

Il certain que le type de levure est primordial dans la bonne conduite de la fermentation. L'utilisation d'une levure courante avec une brioche contenant 120% à 140% de sucre pour une fermentation à 25°C - 26°C ne permettra pas le développement de la pâte de manière adéquate. Le choix d'une levure osmotolérante permet de pallier ce problème et permet une meilleure fermentation.

La quantité de levure ne devrait pas dépasser 2% par rapport à la quantité de farine maximum 2.4%, lorsque la pression exercée par la faible hydratation et la quantité importante de sucre et de beurre est forte. Il est possible d'accélérer le processus en préparant un levain-levure. La recette proposée est proche de ce qui se faisait au XIXe siècle : 100% de farine, 80% d'eau, toute la levure présente dans la recette et 8% de sucre dans le cas de l'utilisation de levure osmotolérante. Cette pâte ne doit pas être trop mélangée. La température de fermentation doit être de 26°C. Le temps de fermentation est court. Il faut que le mélange ait gonflé. Ce qui signifie que la levure est active.

La Pâtisserie du XXIe siècle : les nouvelles bases

Pâtes levées — Les pâtes

Eau= à la quantité d'eau présent dans les oeufs, la crème ou le lait	Pâte à moins de 8% de sucre levure régulière ou osmotolérante (8% de sucre)	Pâte à plus de 8% de sucre levure osmotolérante
Pâte très ferme à ferme eau < 52 % teneur en eau beurre à moins de 25%	Levure 1.6% à 2% la levure est à son maximum lorsque la teneur en eau est la plus basse.	
Pâte très ferme à ferme eau < 52 % teneur en eau beurre plus de 25%	Levure 1.6% à 2.4% la levure est à son maximum lorsque la teneur en eau est la plus basse et la teneur du beurre est la plus haute.	
Pâte ferme 52 % à 60 % teneur en eau beurre à moins de 25%	Levure 1.2% à 1.6%	Levure 1.6%
Pâte ferme 52 % à 60 % teneur en eau beurre à plus de 25%	Levure 1.2% à 1.6%	Levure 1.2% à 1.6%

Ces valeurs sont à titre informatif, la température, la durée de fermentation, la quantité de sucre et le type de levure peuvent avoir des conséquences sur la quantité de levure.

L'impact du sel

Le sel ralentit la fermentation bien plus que le sucre. De ce fait, lorsque le sucre augmente, il faut diminuer le sel pour ne pas avoir un ralentissement trop important de la fermentation.

La quantité de sel des produits levés et même du pain est très souvent en excès, car le sel est mesuré par rapport au poids de la farine sans tenir compte de la quantité de liquide. Comme cela a été expliqué dans le chapitre des ingrédients, il est nécessaire d'appliquer la formule mathématique proposée pour connaître la quantité de sel exact. Cependant, la présence du sucre pouvant être importante, le tableau ci-contre sur le rapport quantité de sel et de sucre vous permettra de mieux doser vos produits.

Quantité de Sel par rapport à la quantité de Sucre et/ou d'Eau

Sucre	Sel
Formule pour connaître la quantité de sel pour des produits sucrés à moins de 8% et des produits salés **Quantité de Sel = Eau + Farine * 1.05%** Formule pour connaître la quantité de sel pour des produits sucrés à plus de 10% de sucre se reporter au tableau ci-dessous	
6% à 8%	1.6 % à 1.7%
10% à 15 %	1.5 %
15% à 18 %	1.4 %
18 % à 24 %	1.2 %
+ 25 %	1 %

Lorsque la quantité de sel se situe entre 0.5% et 1% le sel ne ralentit plus la fermentation, mais l'accélère.

Pâtes levées — Les pâtes

L'impact du malt

Le malt favorise la fermentation. Il est possible d'en ajouter jusqu'à 1% par rapport au poids de la farine voire au-delà en fonction du type de farine. Se référer au chapitre des ingrédients.

L'impact des oeufs

Il est important de souligner que les jaunes d'oeufs contiennent des enzymes comme les peptidases qui agissent sur les protéines de la farine et fragilisent le gluten .(Handbook of Poultry Science and Technology, Primary Processing By Isabel Guerrero-Legarreta, Ph.D, Alma Delia Alarcón-Rojo, Christine Alvarado, Ph.D). De plus, le jaune d'oeuf contient aussi des amylases (Egg Bioscience and Biotechnology By Yoshinori Mine) qui favorisent la fermentation. Les oeufs favorisent le foisonnement et permettent à la pâte d'emmagaziner davantage d'air et de contribuer au volume du produit.

Tableau des équivalences des liquides		
Eau	Oeufs entiers	Lait 3.5%
48 % à 65 %	64 % à 86 %	54 % à 73 %

L'impact du rapport Eau / Beurre

Dans la brioche, le beurre est en quantité importante. L'équilibre entre la quantité de beurre et d'eau devient crucial, particulièrement lorsque la quantité de sucre est moindre que 20% de la quantité du poids de la farine. Le sucre permet de stabiliser partiellement l'eau et la matière grasse.

Il faut comprendre que dans une certaine quantité d'eau doit pouvoir se disperser une certaine quantité de farine, de sucre, de sel et de beurre. Si l'eau est insuffisante, la matière grasse aura tendance à vouloir sortir du mélange; une plus grande quantité de jaunes d'oeufs permet de stabiliser cet excès de matière grasse. L'important est que la quantité d'eau soit suffisante pour favoriser la formation du gluten. Par contre, une trop grande quantité d'eau ne permet pas une suspension adéquate des éléments et le mélange perd de sa cohésion.

L'interaction Matière Grasse / Farine

L'interaction de l'eau et de la farine a été bien étudiée, par contre celui de la matière grasse et de la farine l'est moins. Pour mieux comprendre le comportement de la matière grasse au coeur de la brioche, des expériences ont été menées avec de l'huile et de la farine comme le montre le schéma suivant.

L'ajout de 64% de sucre au mélange contenant 70% d'huile, permet de raffermir la pâte. Le

Pâtes levées

Les pâtes

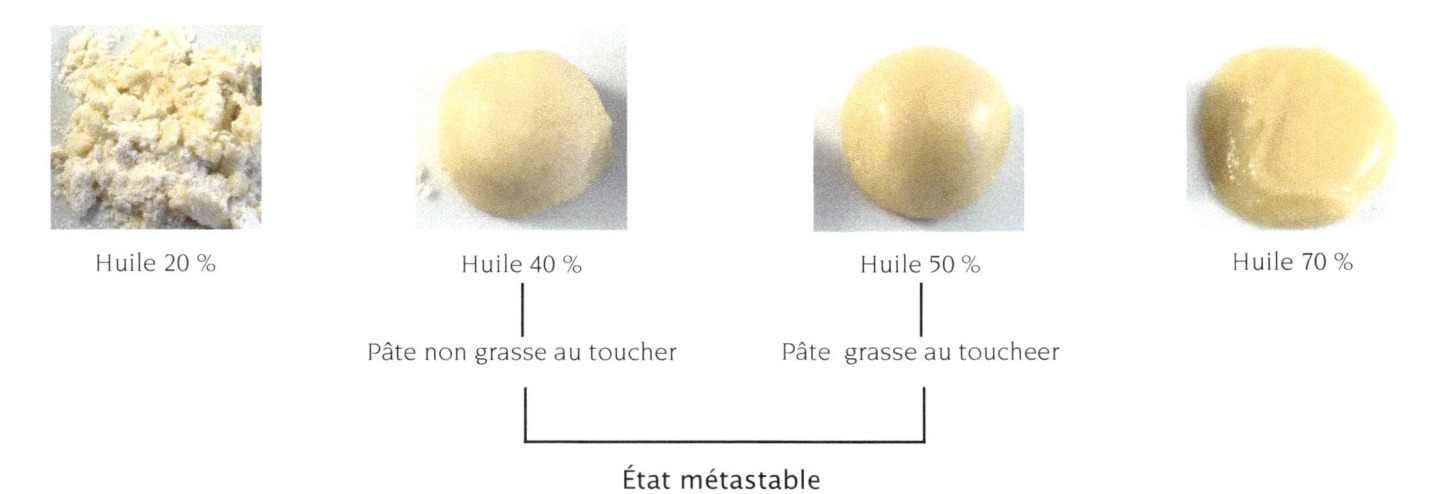

Huile 20 %   Huile 40 %   Huile 50 %   Huile 70 %

Pâte non grasse au toucher   Pâte grasse au toucheer

État métastable

● Farine   ● Huile

sucre stabilise la matière grasse. La pâte s'est rapprochée d'un état métastable. Cependant, il faut une quantité importante de sucre pour parvenir à cet état, bien plus que le maximum requis pour une pâte levée sucrée. De ce fait pour la brioche, et plus généralement pour les pâtes levées comme le panettone, le sucre ne permet que partiellement de stabiliser la matière grasse.

Huile 70  %   Huile 70 % - 64 % Sucre

Ajoutons de l'eau

Au fur et à mesure du mélange, l'eau va chercher à pénétrer la farine jusqu'à rejeter une partie de l'huile. L'ajout d'un émulsifiant tel que la caséine présente dans la poudre de lait, ou mieux encore le jaune d'oeuf, permettra en fonction de sa capacité émulsifiante de stabiliser l'huile et de lisser la pâte. Le jaune d'oeuf agit différemment de la poudre de lait car ce dernier raffermit davantage la pâte. Le jaune d'oeuf crée une liaison avec l'huile

Huile 50% / Eau 52%   Huile 50% / Eau 52 % / Poudre de lait   Huile 50% / Eau 63%

au même titre qu'une mayonnaise. Cette émulsion reste probablement en partie en surface et pourrait expliquer l'aspect luisant de la pâte. Cependant, la pâte est toujours grasse au toucher du fait de la quantité importante de la matière grasse et d'un manque d'eau et/ou de jaunes d'oeufs. L'ajout de jaunes d'oeufs éviterait à la pâte d'être grasse au toucher

La Pâtisserie du XXIe siècle : les nouvelles bases

Pâtes levées   Les pâtes

Hypothèse : à la fin du mélange eau, beurre, sucre il se crée une pellicule constituée de l'émulsion-suspension partielle de jaune/beurre/sucre. Une partie de cette pellicule entoure la pâte alors que l'autre partie la pénétre la farine . Le gluten est enchevêtré par les acides gras liquides qui pénétrent davantage la pâte alors que les acides gras les plus solides vont rester en surface. Les beurres fractionnés c'est à dire ayant un point de fusion plus élevé ne donneront sans doute pas les même brioches qu'avec un beurre courant.

L'ajout de plus d'eau(sans la présence de poudre de lait) offre plus d'espace à l'huile pour se disperser dans le mélange eau, farine, sel et sucre. La matière grasse ne remonte plus en surface. La pâte n'est plus grasse au toucher. La pâte se lisse et forme une boule après un certain temps de pétrissage.

Est-ce vraiment l'huile qui rend difficile la formation du gluten ou est-ce davantage le manque d'eau ?

Il est important de rappeler qu'un excès d'eau agit comme "déstructurant" du gluten. De ce fait, si l'huile affaiblit le gluten et que le sucre le prive de se former en absorbant l'eau qui lui est destinée, dans quelle mesure doit-on ajouter de l'eau et en quelle quantité ?

La brioche est un milieu très saturé particulièrement lorsqu'elle est riche en beurre, au-delà de 40%. Les ingrédients ont peu d'espace pour se mouvoir. Cet état donne sans doute à la texture de la brioche toute sa particularité. L'ajout d'eau est nécessaire dans une certaine mesure pour favoriser d'une part la formation du gluten et d'autre part pour déssaturer le milieu. Nénamoins, la proportion importante d'eau a pour conséquence de fluidifié la pâte, c'est à dire qu'elle ne forme plus une pâte solide ou suffisamment solide. C'est le cas du Baba ou du savarin, des pâtes qui oscillent de l'état crémeux à un état plus fluide. Généralement, la quantité de beurre dans ces pâtes est plus faible. Advenant que la pâte prenne une forme plus ou moins liquide, elle devient difficile à manipuler. Dans un cas ou la pâte est difficile à travailler, le pointage en masse laisse sa place à un plus long apprêt.

Pour permettre au pâtissier de déterminer la quantité de liquide nécessaire à une pâte levée, je me suis basé sur divers travaux qui ont déterminé la quantité nécessaire d'eau minimale et maximale pour hydrater la farine.

Liquides = EauOeufs + EauLait + EauCreme + Eau

Pourquoi ne pas inclure l'eau du beurre ?

L'eau du beurre représente d'environ 16%, soit pour 600g de beurre environ 96g. Cependant tant que le beurre n'est pas fondu, l'eau ne se libère pas du beurre. L'émulsion reste intacte.

La Pâtisserie du XXIe siècle : les nouvelles bases

Pâtes levées — Les pâtes

De ce fait, l'eau ne peut compter à proprement dit comme un liquide qui pourrait pénétrer directement la farine. C'est pour cette raison qu'il n'est pas inclu dans la formule des liquides.

Stabilité de la pâte= Liquides / (Farine + Liquides)

Quantité de liquide par rapport au poids farine + liquide 36% à 40% Pour un produit stable au-dessus produit plus instable

Au vu des expériences menées, si la quantité de liquide se maintient dans cette zone, il est plus facile d'introduire du beurre en plus ou moins grande quantité. 60% du poids de la farine est une bonne moyenne, ne pas dépasser 80%.

Doit-on ajouter, à chaque ajout de sucre, 50% d'eau du poids la quantité de sucre, 100%

Différents types de pâtes levées
(source la cuisine classique Urbain Dubois 1868 et le livre de la pâtisserie Jules Gouffé 1873)

Pâte ferme	Pâte semi-ferme	Pâte plus fluide
Pâte à Solilem	Brioche	Savarin
1 kg de farine 250 g de beurre 8 oeufs 200 ml de crème 30 g de levure 20 g de sel 30 g de sucre	1 kg de farine 300 g à 350 g de beurre 14 à 16 oeufs 2 cuiller à café de sel 4 cuiller à café de sucre 35 g de levure	1 kg de farine 350 g de beurre 15 oeufs 200 ml de lait 60 g de sucre 35 g de levure 1 grain de sel

Ce qui est fort intéressant c'est qu'Urbain Dubois dans son livre. Le livre des pâtissiers et des confiseurs de 1883, note que la quantité de levure n'a pas besoin d'être importante si elle est de bonne qualité. Il suggère 24g par kilo de farine. Alors de nos jours 20g est bien plus que suffisant pour des produits salés, de même pour des produits sucrés avec une levure osmotolérante.

d'eau du poids de la quantité de sucre ou ne pas compenser l'ajout de sucre par de l'eau ?

La question ne peut se résumer par une seule réponse. Cela va dépendre de l'espace qui existe pour que le sucre puisse se disperser. Si l'ajout du sucre sature le mileu (ce qui est rare dans les pâtes levées), il faudra rajouter de l'eau en conséquence, si l'ajout du sucre ne raffermit pas trop le milieu l'ajout d'eau devient superflu. Dans tous le cas, la quantité de sucre n'est pas suffisante pour priver toute formation du gluten, même si plus la quantité est importante plus la formation du gluten se voit affectée, plus la texture de la pâte s'en voit modifié. Dans le cas du panettone ou la quantité de sucre avoisine les 40%, voire davantage. la quantité d'eau ne dépasse pas 65% (environ 17 oeufs par kilo de farine). Bien entendu la capacité d'absorption aura de l'influence sur la farine

Pâtes levées

Les pâtes

L'incorporation du sucre

De nombreux livres suggèrent, lorsque le sucre est en grande quantité, de le mettre en fin de pétrissage afin qu'il ne nuise pas au développement du gluten. Là encore, je remets en doute ces affirmations. Formez une pâte avec de l'eau et de la farine puis ajoutez une quantité notable de sucre et vous constaterez que la pâte se relâche immédiatement. Certes, la quantité de sucre doit être conséquente. Cependant, même en faible quantité, le sucre, quel que soit le moment où il est incorporé, nuit à la formation du gluten comme cela a déjà été expliqué.

En 1958, une étude (The sucrose on gluten développment and the solubility of the proteins of a soft wheat flour) démontrée qu'en effet le sucre mis en fin de pétrissage entravait moins le gluten si celui était déjà formé. Cependant, en 1960 une autre étude (The Effect of Various Sugars on the Formation and Character of Gluten) vient contredire l'étude de 1958.

Au cours de cette étude de 1960 trois tests ont été menés.

Le premier consistait à développer le gluten et d'ajouter le sucre.

Le second, le sucre était mis avant la formation du gluten, puis après la formation du gluten.

Le troisième, le sucre est mis avant la formation du gluten.

Les pâtes ont été mises en boules et cuites et leur résistance ont été mesurées pour en déduire le moelleux. De plus, la quantité d'eau perdue a été mesurée. Les résultats démontrent que la troisième expérience donne un produit moins moelleux, mais avec un volume légèrement plus important et une faible perte d'eau. Alors que la première expérience et la seconde montraient des résultats similaires, à l'exception que la seconde montrait un plus grand volume et un peu plus de moelleux. Toutes les deux avaient perdu plus d'eau que la troisième expérience, ce que les auteurs traduisent comme une perte d'hydratation nécessaire à la formation du gluten.

Cette étude contredit celle menée en 1958 que les auteurs citent en introduction. Cela signifierait donc que l'étude de 1958 a servi de référence à tout à un pan de la profession sans que l'on tienne compte de celle réalisée en 1960. Il est important de signaler que le test fait en 1958 a été réalisée avec une farine faible en protéines, ce qui a eu sans aucun doute un certain impact. Reste à savoir si la méthodologie utilisée au cours de l'expérience de 1960 est valable, et s'il n'est pas nécessaire aujourd'hui de reprendre les tests de ces éudes avec de nouveaux protocoles.

La fermentation

La Pâtisserie du XXIe siècle : les nouvelles bases

Pâtes levées — Les pâtes

Le plus important dans les pâtes levées est d'obtenir des pâtes avec un bon rapport entre la production gazeuse et la rétention gazeuse. La production gazeuse est en relation avec l'activité de la levure. Plus la levure est active plus elle produit de gaz carbonique.

La rétention gazeuse est la capacité de retenir le maximum de gaz pour permettre à la pâte de se structurer. La bonne extensibilité de la farine favorise la rétention gazeuse.

Favorise la rétention gazeuse	Défavorise la rétention gazeuse
Protéines +	Protéines −
Sucre −	Sucre +
Liquide −	liquide +
Sel +	Sel −
Beurre +	Beurre −

Favorise la fermentation	Défavorise la fermentation
Température +	Température −
Sucre −	Sucre +
Liquide +	liquide −
Sel −	Sel ++
Quantité de levure +	Quantité de levure −

La fermentation demande un certain apprentissage et surtout apprendre à toucher et à observer sa pâte. La température du local où le produit sera mis à fermenter est important. Il va déterminer en grande partie la suite des opérations. C'est pourquoi, il est toujours préférable d'avoir une chambre de pousse avec une humidité contrôlée à 80% maximum. Il faut savoir refroidir la pâte quand c'est nécessaire avant de passer à l'étape suivante. Il ne faut jamais hésiter de jouer sur le montant de levure (tout en ne dépassant pas les valeurs limites de 2%, maximum 2.4% par rapport au poids de la farine) ou sur la température en fonction des circonstances. N'hésitez pas à imaginer aussi de longue fermentation en chambre de pousse contrôlée. Cela demande une certaine expérience, mais le résultat peut être intéressant d'autant plus avec de faible quantité de levure. Le volume n'est pas toujours le signe qu'une pâte est prête. Il faut s'assurer qu'elle ait acquise une certaine souplesse sans être un amas de bulles d'air. La fermentation demande une attention de tous les instants, soyez à l'affut.

Si vous utilisez un matériel performant établissez des processus rigoureux pour vous assurer d'une constance dans les produits, en oubliant jamais d'avoir toujours les informations techniques des farines, surtout lorsqu'il s'agit d'un nouveau lot, pour corriger au besoin votre protocole.

Plus la fermentation en masse est importante plus l'apprêt est court. Inversement plus le pointage en masse est court plus l'apprêt est long. La durée de l'apprêt dépend aussi de la consistance de la pâte, de sa viscosité. Une pâte peu hydratée et plutôt compacte va pouvoir mieux supporter un long apprêt qu'une pâte plus molle. Le choix d'un long apprêt ou d'un court apprêt aura des conséquences sur la texture de la mie. Un court pointage ou pas de

Pâtes levées

Les pâtes

pointage du tout et un long apprêt donnera une mie plus uniforme plus compacte. Un long pointage et un court apprêt donnera une mie plus aérée. Un long pointage et un très court apprêt ou pas d'apprêt du tout donnera une mie mi-aérée mi-compacte. Il faut signaler que la présence importante de sucre, davantage que le beurre, modifie les paramètres et exige des apprêts plus long.

Au XIXe siècle, les pâtes levées –dont la brioche– subissaient de long pointage et pas d'apprêt ou de courts apprêts lorsqu'il s'agissait de grosses pièces. Ainsi, les pâtissiers passaient du façonnage au four. Pierre Lacam dans son ouvrage « Le Mémorial historique et géographique de la pâtisserie » précise l'importance des rabats et mentionne que leur nombre permet de se passer de l'apprêt qui nuit au beurre présent dans la brioche. Il stipule d'ailleurs que le pointage devrait se faire à des températures plutôt basses qu'élevées. Ainsi, l'apprêt ne serait pas nécessaire; la force de la pâte est suffisante pour qu'elle pousse au four. Bien entendu, la brioche est réalisée à partir d'un levain levure. Un essai réalisé avec une brioche contenant 12 oeufs au kilo de farine et 300g de beurre a permis de faire doubler le produit au four, et le résultat est surprenant tant par la saveur que par la texture. Pour ce qui est de la saveur, le goût viendrait des rabats. Cette fois c'est monsieur Hervé This qui nous en explique les raisons :

> *Cela signifie que les levures ont besoin de boire, de manger et d'une température agréable qui ne les frigorifie ni ne les tue. Autrement dit, il leur faut de l'eau, des sucres, et la température ambiante, moyennant quoi les levures se développent, grossissent, se divisent chacune en deux cellules identiques qui, elles-mêmes, se développent, grossissent, se divisent chacune en deux cellules identiques… Et ainsi de suite. On sait combien les multiplications répétées peuvent produire de grand nombre : 1, 2, 4, 8, 16, 32, 64… Après seulement 20 divisions, on obtient plus d'un million de cellules, qui chacune, se développe, se divise…, et libère du dioxyde de carbone, ainsi que des molécules sapides et odorantes qui enrichissent la pâte et lui donnent le bon goût de brioche. Oui, un goût de brioche: ce même goût que l'on retrouve d'ailleurs dans le champagne où des levures contribuent à la merveilleuse pétillance. Voici notamment pourquoi on rabat les pâtes: les levures qui ont contribué à la première pousse sont remises dans un milieu " frais ", et enrichissent encore le goût de la pâte, lors de la deuxième pousse. Du coup, n'hésitons plus : pourquoi pas trois pousses successives ? Ou quatre? Ou cinq? Vous m'en direz des nouvelles.(Source : http://www.cuisinecollective.fr/dossier/this/articles.asp?id=77)*

Cependant, les rabats soulèvent la question du risque de développer une pâte très élastique, comme le rappelle l'étude suivante sur les pâtes levée sucrées : Dough and crumb grain changes during mixing and fermentation and their relation with extension properties and bread quality of yeasted sweet dough. (Alma D. Tlapale-Valdivia, Jorge Chanona-Perez, Rosalva Mora-Escobedo, Reynold R. Farrera-Rebollo, Gustavo F. Gutierrez-Lopez & Georgina Calderon-Dominguez). Il est expliqué que les pâtes, après 2h de fermentation, perdent de leur extensibilité. Il faut mentionner que la quantité de matière grasse présente dans ces pâtes est plus ou moins faible comparée à la

La Pâtisserie du XXIe siècle : les nouvelles bases

Pâtes levées

Les pâtes

brioche. De plus, la température de fermentation est élevée ce qui favorise l'élasticité au détriment de l'extensibilité. Il important de rappeler que la quantité importante de beurre, 600g au kilo, changerait les perspectives, de même que des températures plus basses.

La fermentation est un jeu complexe de temps et température. L'action de ces éléments ont un impact sur l'activité de la levure et des enzymes. La température idéale de fermentation pour les levures de boulanger est de 27°C. À 4°C la levure est endormie, mais cela ne signifie pas pour autant qu'elle est dénuée de toute activité. D'autre part, les acides gras contenus dans le beurre ont différentes températures de fusion. A 27°C le beurre est partiellement fondu et la pâte peut suinter, d'autant plus que la quantité de beurre est importante et que la pâte n'a pas subi un plus ou moins un long refroidissement. Autrement, cette température de 27°C permet de réchauffer la pâte –qui a passé par le réfrigérateur– et accélérer la fermentation. La trop grande prolongation de cette température finit par nuire à la brioche. De ce fait comme le rappelle Pierre Lacam, la fermentation à de plus basses températures devient plus intéressante mais plus longue. La frange 15°C - 20°C pourrait offrir de bons résultats qu'il faudrait étudier.

En pratique, il est faut distinguer les pâtes riches en beurre au-dessus de 40% du poids de la farine de ceux moins riches en beurre. Plus la pâte est riche en beurre plus les températures devraient se rapprocher de 20°C si l'on souhaite effectuer des rabats, car autrement le rabat est limité sinon l'opération devient délicate et le refroidissement essentiel. Il est évident que les pâtes levées contenant plus de 40% de beurre du poids de la farine doivent être considérées avec plus d'attention.

Conclusion

On constate une fois de plus que le rapport eau/sucre/beurre est fort important et que la viscosité de la pâte à un impact sur la conduite de la fermentation et la méthodologie à adopter. Les pâtes levées demandent beaucoup d'attention et de soin pour arriver à un produit d'excellence. Rien ne peut être laissé au hasard. L'équilibre de la recette et le choix des ingrédients sont primordiaux. Les pâtes levées nécessitent toute l'attention des pâtissiers pour leur redonner la place qu'elles méritent dans la tradition française.

Panettone à la levure

(panettone expérimental)

Levain Levure
50g de farine
40g d'eau
6g de sucre
1.4g de levure osmotolérante

Première Pâte
200g de farine
56g de sucre
60g d'eau
60g de jaunes
72g de beurre
2g de malt

Deuxième pâte
50g de farine
50g de sucre
3g de sel
60g de jaunes
77g de beurre
20g à 35g eau en fonction de la farine

Parfum
vanille en gousse
Oranges confites
Pâte d'orange.

Voir recette illustrée en image page 142

Préparer le levain levure et faire pousser.

Mélanger le sucre, l'eau et les jaunes d'oeufs.

Mélanger la farine au malt. Sabler la farine et le beurre avec 15% de liquide du poids de la farine. Cela doit commencer à ressembler à une pâte friable

Ajouter petit à petit le liquide. Bien pétrir.

Laisser la pâte reposer jusqu'à qu'elle a presque doublée voire triplée de volume.
Au bout de ce temps la dégazer. pour l'ajouter à le seconde pâte.

La préparation de la seconde pâte ce fait de la même manière que la première en ajoutant avant de commencer à pétrir la première pâte. La vanille sera dispersée dans l'eau, les jaunes et le sucre

Un peu avant la fin ajouter les oranges confites et la pâte d'orange.

Laisser reposer environ 40mn

Mouler. Laisser pousser jusqu'à que cela a triplé de volume. Généralement, si la quantité de pâte correspond au moule cela doit arriver en haut du moule. Dans mon cas la quantité de pâte n'était pas suffisante pour le moule j'ai arrêté la pousse avant que la pâte atteigne le rebord

Panettone à la levure

(panettone expérimental)

Levain -Levure

Pâte 1

Pâte 2

Façonnage moulage

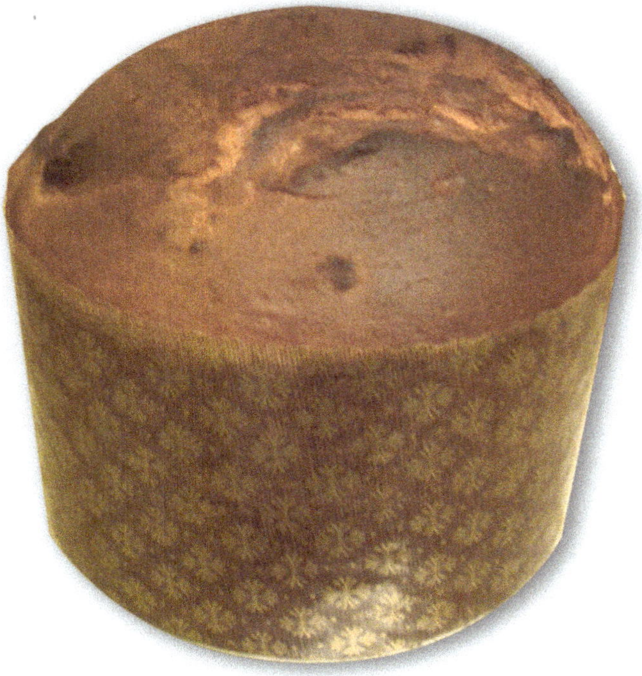

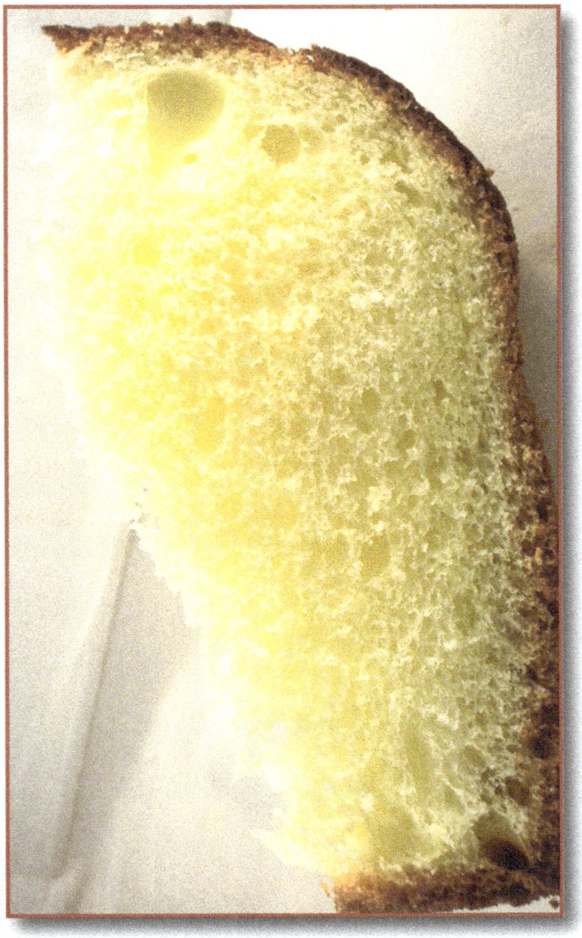

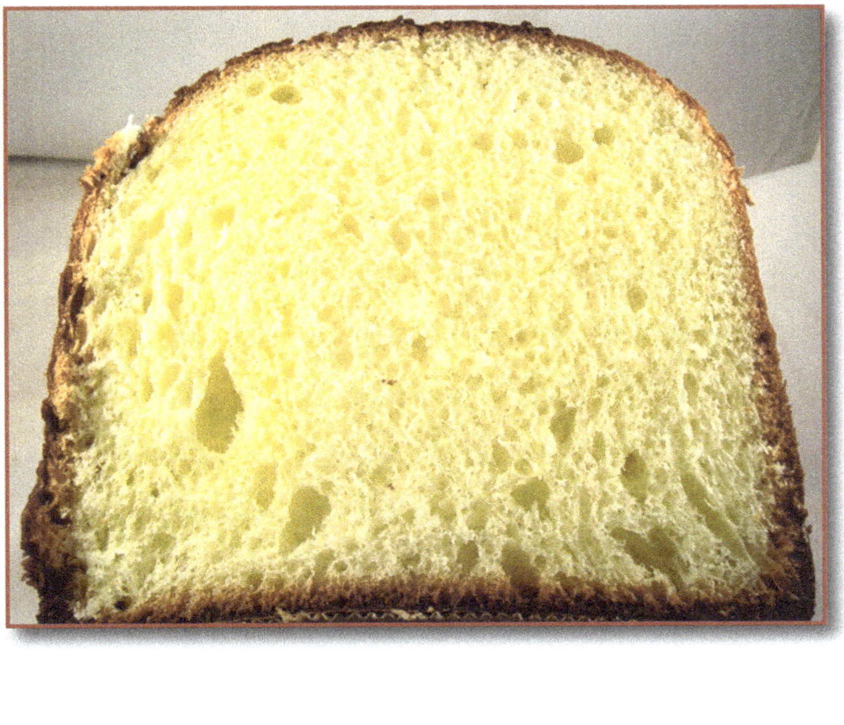

Bref historique des pâtes feuilletées

L'histoire du croissant est sujet à nombreuses interprétations. Cependant, il existe des certitudes quant à son origine et son arrivée en France. Il aurait été introduit au cours du XIXe siècle par un certain Zang, officier autrichien, dont certains prétendent qu'il était baron ce que les Autrichiens démentent alors que d'autres, plus rares, prétendent qu'il était Polonais. Allez savoir ! Ce fameux monsieur Zang va ouvrir une boulangerie à Paris, au 92 rue Richelieu, où le pain viennois et le croissant vont enchanter Paris, dit-on. Cependant, il est étonnant de ne pas trouver, ou rarement, de références dans la littérature et dans les chroniques gastronomiques de l'époque sur le croissant et plus généralement sur le pain viennois. Le croissant était-il si populaire qu'on le prétend ? Ou était-il le privilège d'une certaine bourgeoisie aisée ? Ce qui est plus surprenant, c'est qu'Urbain Dubois qui travaillait, entre autres, en Allemagne mentionne dans son ouvrage de cette époque –La Cuisine Classique– le croissant comme produit pour le thé. Mais dès son retour à Paris, dans son ouvrage « Le livre des pâtissiers et des confiseurs » datant pourtant de la fin du XIXe siècle (1883) aucune mention du croissant. Il faut rappeler que le croissant de l'époque est la copie conforme du kipfel autrichien, un petit pain salé roulé, en forme d'une demi-lune, dont la largeur est bien plus fine que les demi-lunes des croissants des boulangers français actuels. De ce fait, il est normal qu'Urbain Dubois, en Allemagne, ait répondu à la demande de ses maîtres en ajoutant dans son ouvrage le croissant. Si celui-ci avait été si populaire en France, on comprend difficilement pourquoi Urbain Dubois n'en fait plus mention dans ses ouvrages qui précèdent la cuisine classique.

L'autre mystère est celui de la transformation du croissant en croissant feuilleté. Cette transformation a été faite à la toute fin du XIXe siècle, sans doute après 1894, car Joseph Favre dans son « Dictionnaire universel de cuisine et d'hygiène alimentaire » décrit le croissant comme un petit pain. La première référence au croissant feuilleté que j'ai retrouvée, date de 1904. Etienne Favrais, père de l'école de boulangerie de Paris, décrit –dans son ouvrage (1) le procédé du croissant, tel que les pâtissiers le connaissent aujourd'hui à l'exception que celui est salé. De ce fait, le croissant feuilleté a vu le jour entre 1894 et 1904. La transformation du croissant en croissant feuilleté pourrait être attribuée à l'influnce danoise. En effet, les pâtes viennoises furent introduites en France et au Danemark en même temps. En France ce fut le Kipfel, au Danemark le golatschen (kolatschen), une pâte levée

Pâtes feuilletées — Les pâtes

composée de deux abaisses, hermétiquement fermées, au milieu desquelles pouvait se trouver de la confiture ou d'autres préparations. Cependant, les Danois l'ont très vite transformé en un produit qui contenait des amandes et des pistaches, et probablement du sucre, avant de décider de le feuilleter pour donner naissance à la fameuse danoise qui, ironiquement, s'appelle au Danemark pain viennois. Il semblerait qu'en 1850 (le site officiel du Danemark mentionne l'année 1840) au cours d'une grève des boulangers danois, la ville eut recours à des pâtissiers viennois qui apportèrent avec eux leur spécialité qui fut reprise et transformée par les Danois. De ce fait, la danoise feuilletée serait née au milieu du XIXe, siècle bien avant le croissant feuilleté. Il est fort probable que les expositions universelles qui eurent lieu au XIXe siècle, à Paris furent, le moment propice ou la danoise inspira le croissant. D'ailleurs, la danoise ne sera introduite en France que dans les années 1960-1970 sans doute par l'influence américaine. Aux États-Unis, la danoise s'est beaucoup développée au début du XXe siècle pour devenir plus sucrée que ne l'est la version originale. Quant au croissant, il ne contiendra du sucre dans une proportion importante (10% du poids de la farine) qu'après la seconde guerre mondiale. Cependant dans la ré-édition en 1956 du livre de Félix Urbain Dubois datant de 1930, le croissant est encore présenté sous la forme salée. Il est à préciser que dans les années 1930, le croissant salé est déjà très populaire en France mais conserve encore la forme du kipfel autrichien. Quant à légende du boulanger réveillé par les troupes turques qui cherchaient à envahir Vienne, ce n'est probablement qu'une légende. Aujourd'hui cette thèse est contestée. Pour ce qui est de Marie-Antoinette et du croissant, cela reste du folklore. Si le kipfel avait été introduit à la cour de France pour devenir le croissant, le produit se serait transmis de pâtissiers en pâtissiers comme cela a été le cas pour le baba ou kugelhopf. A titre anecdotique, le pain au chocolat, qui est aujourd'hui une pâte à croissant garni d'une barre de chocolat, était à l'origine un pain au lait garni de chocolat d'où le nom de pain au chocolat. Une fois encore ce changement du pain au lait à la pâte à croissant se produisit dans les années 1960-1970 et explique pourquoi le nom a été préservé.

Quant à la pâte feuilletée, elle aurait été introduite en France par Catherine de Medicis au XVIe siècle. En fait, il est fort probable que ce soit la sfogliatelle italienne que Catherine de Médicis ait introduit en France. La sfogliatelle est une pâte étalée très finement, comme un linge que l'on étend sur une table. Puis, elle est badigeonnée de beurre et roulée pour former un rouleau. Puis le rouleau est découpé en tronçons, aplatis, avant de pousser le centre pour en faire un cône. Cette pâte aurait donc inspiré des pâtissiers français qui auraient imaginé la pâte feuilletée, dont on prétend que c'est Antonin Carême qui aurait fait de cette pâte la version que nous connaissons aujourd'hui.

---

(1) Manuel du Boulanger et du Patissier - Boulanger. Boulangerie et Patisserie françaises et étrangères.– Éditions :

Pâtes feuilletées — Les pâtes

1.2 % à 2%
levure osmotolérante à partir de 8% de sucre

1.2 % à 1.7%
levure classique en de-çà de 8% de sucre

100% de farine

5% à 14% de sucre

2 % à 5%
de poudre de lait

48% à 55% teneur en eau
(En fonction de la farine et de l'équilibre de la recette)

0.4% à 1 % de malt

Possibilité d'ajouter jusqu'à :
6% de jaunes d'oeufs

5% à 7% de beurre
(de préference, possibilité jusqu'à 20%)

1.5% à 1.7% de sel

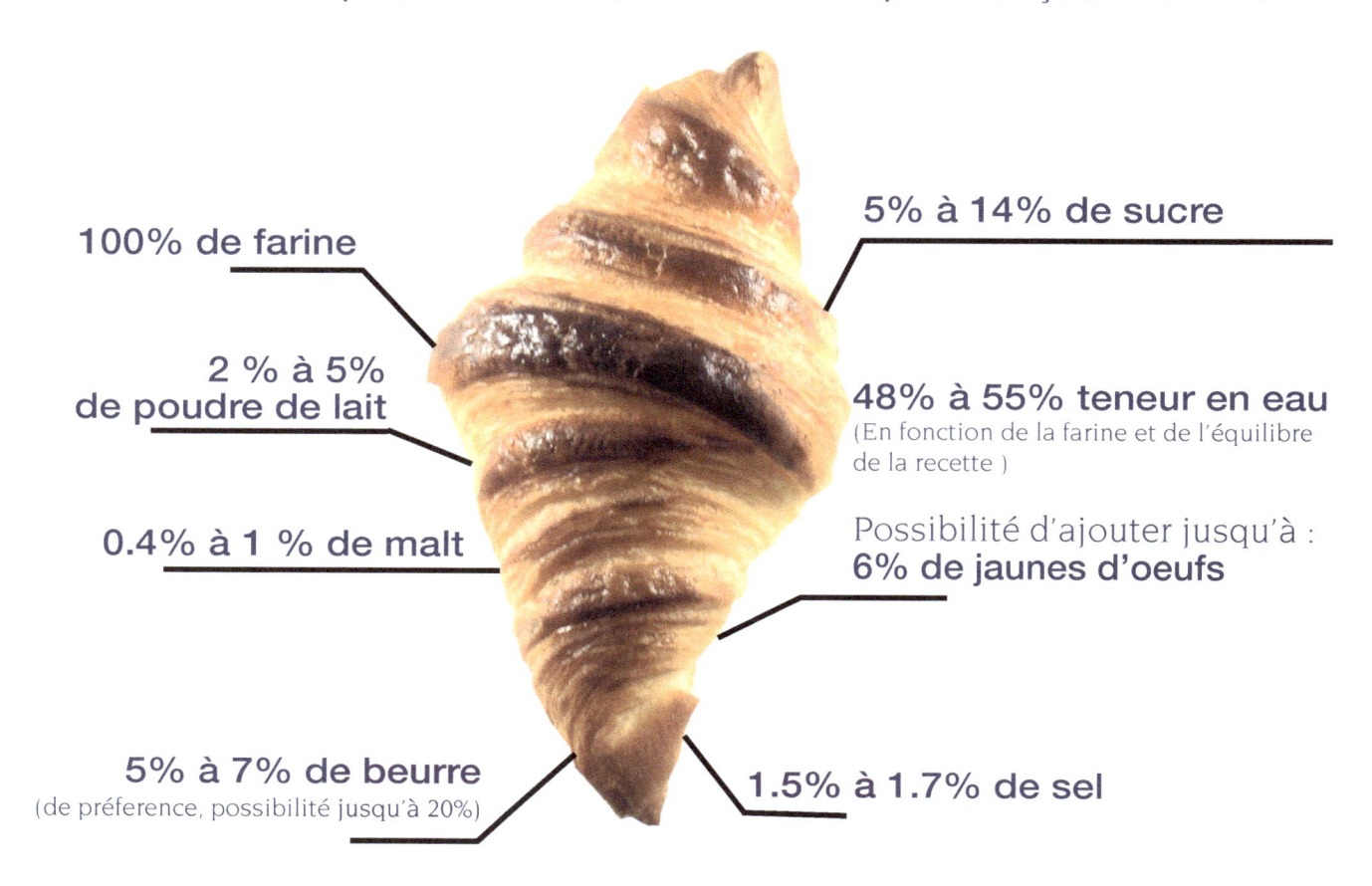

Pâtes feuilletées — Les pâtes

Structure des pâtes feuilletées

La pâte feuilletée et la pâte à croissant sont bien moins complexes que ne paraît leur procédé car contrairement aux autres pâtes, la confection de la détrempe –la pâte de base– est assez simple à réaliser et répond à des règles qui ont été très bien étudiées. A titre d'information, détrempe vient du verbe détremper : délayer de la farine avec une substance liquide pour obtenir une pâte. (Centre national de ressources textuelles et lexicales). Au XIXe siècle le terme détrempe regroupe une grande partie des pâtes de la pâtisserie.

La détrempe contient le plus souvent du sel, du sucre, de l'eau et du beurre et à l'occasion des oeufs ou des jaunes d'oeufs en faible quantité. Le rôle des jaunes d'oeufs est d'agir à titre d'émulsifiant. Dans «Le compagnon traiteur » (J. Charette, G. Aubert 1989) la pâte feuilletée est présentée en deux versions la pâte feuilletée dite classique ou à la française et la pâte feuilletée à l'autrichienne qui contient des oeufs, davantage de sucre, du rhum et même du lait.

La farine

Si tout le monde s'entend que le choix de la farine pour la pâte feuilletée ne doit ni être très forte en protéines, ni trop faible en protéines, le débat est moins tranché pour les croissants alors même que ce sont des pâtes très similaires. Le fait que la pâte à croissant soit levée, incite à avoir une pâte plus forte en protéines, que plus faible en protéines. Cependant, au-delà de la quantité de protéines, ce qui reste primordial pour les deux types de pâte, c'est l'extensibilité de la farine. Elle est indispensable tant pour le travail de la pâte, la pousse, que pour le volume du produit. Il est tout à fait possible de faire des croissants avec une farine forte en protéines, si celle-ci a une forte extensibilité et que son rapport extensibilité/ténacité est bien équilibré. C'est à dire que la présence d'une plus ou moins forte ténacité ne soit pas au détriment de l'extensibilité. En Amérique du Nord, les pâtissiers français ont développé l'habitude de couper la farine plus ou moins forte en protéines avec une farine plus faible en protéines. Les études menées par l'American Institute of Baking

La Pâtisserie du XXIe siècle : les nouvelles bases

montrent que cela n'apporte pas une valeur ajoutée, contrairement à ce qui est avancé par ces pâtissiers.

Mon expérience avec différents types de farine montre que d'une part l'extensibilité est un facteur déterminant et que même avec des farines fortes, si la quantité d'eau et de matière grasse est correctement ajustée, il est possible d'obtenir d'excellentes pâtes feuilletées ou pâtes levées feuilletées. D'autre part, le cassant et le craquant de la pâte feuilletée dépendent du type de blé et de la richesse en protéines de la farine. Une farine riche en protéines de blé hard donnera un feuilletage plus cassant et "croquant"

L'eau

La quantité d'eau est déterminée en fonction du type de travail : au rouleau ou au laminoir. En effet, pour une plus grande facilité de travail, la pâte réalisée au rouleau doit contenir davantage de liquide. Au laminoir, la pâte doit être hydratée à son minimum pour faciliter sa manipulation. Une pâte trop hydratée ne permettra pas de maintenir le beurre correctement dans la détrempe.

Selon l'étude d'Anne Marie Filloux sur la pâte feuilleté, (formatrice en génie alimentaire, responsable développement innovation "produit de cuisson céréalier", ENILIA - ENSMIC). La quantité d'eau idéale serait de 49% du poids de la farine. Selon l'American Institute of Baking (FORMULATION AND PRODUCTION OF PUFF PASTRIES Wulf Doerry) la quantité d'eau avoisinerait les 52% voire 57%.

Pourquoi ces différences ?

C'est une fois encore le type de farine qui explique ces différences. Cela démontre que les recettes ne sont vraies qu'en fonction d'un type de farine et deviennent erronées avec d'autres types de farine. Ainsi, comme je l'ai déjà expliqué, une farine plus forte comme il y a en Amérique du Nord exigera en fonction des préparations davantage d'eau ou de beurre pour contrebalancer la quantité de protéines.

Le sucre.

Il est rare de voir du sucre dans la pâte feuilletée, par contre dans les croissants cela est presque toujours le cas. Selon Stanley P. Cauvain et Linda S. Young (Technology of Bread Making), la quantité de sucre devrait être comprise entre 5% et 12% du poids de la farine et ne devrait pas dépasser les 12%, au risque de nuire à la levure et au volume de la pâte. Ceci est vrai particulièrement lorsqu'on n'utilise pas de levure osmotolérante. L'American Institute of Baking en arrive à un montant de 10% comme le chiffre idéal, tout spécifiant que 5% de sucre serait insuffisant pour obtenir un volume adéquat.

Pâtes feuilletées — Les pâtes

Dans le cas de l'ajout de malt, le 5% de sucre est-il toujours considéré comme insuffisant ?

A mon avis non, si l'on utilise une levure non osmotolérante adaptée au malt comme en Europe. De plus dans ces études –la détrempe ne subissant pas de fermentation– le sucre n'est pas autant consommé par les levures. C'est d'ailleurs pourquoi pendant longtemps, les pâtissiers français, dont la durée de fermentation de la détrempe était plus ou moins longue, ajoutaient du malt dans leurs croissants. Cela permettait de nourrir la levure, favoriser le volume et améliorer la saveur sans avoir à rajouter du sucre.

Le sel

Comme je l'ai expliqué pour les pâtes levées, la quantité de sel ne doit surtout pas être mise en excès comme cela se voit dans beaucoup de recettes de croissant. 1.7% par kilo de farine devrait être le maximum d'autant plus que le sel nuit à la fermentation en la ralentissant.

Les oeufs

L'ajout d'oeufs ne devrait pas dépasser 10% du poids de la farine, même si j'ai une préférence pour les jaunes d'oeufs dont la quantité devrait être limitée à 8% du poids de la farine, idéalement 6%.

La levure

Se référer aux recommandations faites pour les pâtes levées. 2.4% du poids de la farine est la quantité maximale. Le choix de levure instantanée est recommandée. Elle a la particularité de libérer davantage de glutathion, qui permet de favoriser le travail de la pâte en améliorant son extensibilité. Dans le cas d'une levure fraîche et d'une farine pas assez extensible l'ajout de levure inactive permet d'améliorer le travail de la pâte en favorisant l'extensibilité.

Le beurre

L'ajout de beurre dans la pâte n'est pas obligatoire, mais améliore grandement les qualités plastiques de la pâte. La quantité moyenne est d'environ 7% du poids de la farine. Cependant comme cela a été expliqué précédemment, l'ajout d'une quantité de beurre pouvant aller jusqu'à 15% voire 20% du poids de la farine peut être recommandé, comme avec l'utilisation de farine forte, d'autant plus que l'on souhaite avoir une faible hydratation. En effet, l'ajout de beurre permet de diminuer l'hydratation et de descendre de 52% à 48%. Le beurre ne doit pas être mis fondu, comme cela l'est parfois suggéré, mais sablé grossièrement à la farine. Cela contribue au feuilletage.

Le beurre choisi par les pâtissiers est bien souvent un beurre technique, comme le beurre fractionné, pour faciliter le tourage et favoriser une exécution plus rapide du travail.

La Pâtisserie du XXIe siècle : les nouvelles bases

Pâtes feuilletées — Les pâtes

Est-ce que ce beurre est le seul à répondre aux critères d'un bon croissant ? Qu'en est-il du goût ? Et que faisait les anciens avant l'utilisation de ces beurres ? Qu'en est-il de la qualité du beurre dans le croissant ?

A propos de la saveur

En France, seuls les beurres AOC, et les rares beurres artisanaux, subissent une maturation au cours duquel on ajoute des ferments lactiques. Cette maturation contribue en grande partie à la saveur du beurre. Tous les autres beurres suivent le procédé industriel Nizo dont la maturation est absente, seuls les ferments d'acidité et de saveur sont ajoutés pour ajuster le beurre. Le goût du beurre français n'est vrai que pour le beurre AOC et les beurres au lait cru ou les rares beurres artisanaux, moins de 10% de la production nationale française. Les autres beurres n'offrent pas une grande richesse de saveurs, hormis celle propre à la crème et dans une certaine mesure ceux des ferments lactiques. Certes, le procédé NIZO donne des beurres plus intenses, mais moins diversifiés sur le plan aromatique (Influence de l'origine géographique et technologique sur les caractéristiques sensorielles des beurres: identification et quantification des composés d'arômes impliqués. Auteur : Christine Guyot) Un étude menée par le centre de technique des métiers de la pâtisserie (Pôle d'innovation technologique) et l'école Jean Ferrandi de Paris montre bien que les beurres utilisés pour la fabrication des croissants n'apportent pas une grande richesse de goût. Les types de beurres utilisés dans cette expérience sont : des beurres de laiterie, des beurres fractionnés, des beurres concentrés et des beurres allégés. Le beurre de laiterie correspond au beurre courant et les autres beurres sont des beurres techniques.

> *"Les produits fabriqués avec ces beurres fractionnés sont en revanche moins typés au niveau du goût. Pour approfondir ce point, l'étude doit donc se poursuivre pour évaluer les différences avec des beurres AOC."*

En Amérique du Nord, la fabrication du beurre suit le procédé continu qui le distingue du procédé NIZO, puisqu'il n'y a pas d'introduction de ferments lactiques. Il existe une exception les beurres de culture enrichis en bactéries lactiques. Contrairement au principe NIZO ou les ferments sont ajoutés en fin de barattage, ces beurres subissent une maturation au cours de laquelle sont ajoutés les ferments lactiques. Cette affirmation reste hypothétique car je n'ai pas eu de confirmation des laiteries (secret de fabrication). Cependant comme ces beurres de culture n'ont pas la typicité propre au beurre fabriqué par le principe NIZO, il est fort probable que mon affirmation soit vraie. Cependant, reste à voir si ces beurres de cultures ont une meilleure saveur, que les beurre européens réalisés selon le principe Nizo, d'autant plus que –bien souvent– ils sont le fruit de lait de différents terroirs.

Pâtes feuilletées — Les pâtes

A propos du pourcentage en matière grasse

Les beurres d'hiver et d'été ne sont pas les mêmes, ils varient en fonction de l'alimentation des animaux. Ainsi le beurre d'hiver donne un beurre plus dur et en été un beurre plus mou. Le beurre d'été est meilleur du point vue de sa richesse en vitamines et en minéraux, particulièrement la vitamine A, et de la composition de ces acides gras. Le beurre d'été est plus mou à cause à la composition de ces acides gras, et d'une couleur plus jaune. Pour contrecarrer le problème des beurres d'été et obtenir un beurre proche d'un beurre d'hiver, les industriels ont développé pour les pâtissiers des beurres fractionnés, c'est à dire que l'on a modifié les acides gras afin d'en augmenter la température du point de fusion et offrir une plus grande plasticité. C'est ce que l'on appelle le beurre spécial croissant ou spécial pâte feuilletée. D'autre part, les beurres AOC pour palier aux variations saisonnières ont diminué la quantité d'eau de leur beurre destiné aux pâtissiers pour passer de 16% à 14%

En Amérique du Nord les beurres du commerce sont à 80% de matière grasse et le beurre destiné pour les pâtissiers est à 82% mais il est plus rare.

Peut-on travailler avec des beurres d'été et/ou avec des beurres plus riches en eau comme des beurres à 80% de matière grasse ?

Les pâtissiers ont été habitués à travailler avec des beurres fractionnés ou concentrés, de ce fait faire face à un beurre qui ne l'est pas peut les désemparer. Cependant les pâtissiers qui travaillent avec des beurres AOC ou les rares beurres artisanaux ont appris à travailler avec les variations des saisons, et ce même si certains beurres peuvent contenir 84% de matière grasse et faciliter le travail. J'ai réussi à démontrer que même avec des beurres riches en eau comme les beurres commerciaux nord-américains à 80%, il était possible de réaliser des croissants. Comme le dit Hervé This, pour un feuilletage plus aéré augmenter la quantité d'eau du beurre. En effet, c'est la vapeur d'eau qui permet de soulever les couches de pâtes et c'est le beurre qui les imperméabilise.

Croissant réalisé au rouleau à pâtisserie avec un beurre à 80% de matière grasse et une farine très extensible

La Pâtisserie du XXIe siècle : les nouvelles bases

Pâtes feuilletées

Les pâtes

A propos de la saveur du beurre dans les croissants.

A quel point la saveur du beurre se reflète-t-il sur les croissants ?

J'ai pour hypothèse que les beurres –spécifiquement ceux enrichis en bactéries lactiques et plus particulièrement ceux qui ont subi une maturation– vont apporter une panoplie d'arôme et d'acides qui vont venir enrichir la fermentation des croissants à condition que la détrempe contienne suffisamment de beurre et ont subi une longue fermentation avec une faible quantité de levure. De ce fait, hormis la saveur de la matière grasse laitière qui n'est pas si caractéristique que nous le pensions comme le démontre l'étude du centre de technique des métiers de la pâtisserie, c'est davantage les ferments lactiques présents dans le beurre qui vont contribuer à la saveur. Sachant que pour que les bactéries lactiques puissent se développer davantage dans une pâte contenant de la levure, il est nécessaire que la fermentation soit longue. D'autre part, le beurre –qui sert à tourer la pâte et qui n'est pas mélangé à la détrempe– même s'il posséde une riche flore bacterienne et dês saveurs caractéristiques, la cuisson va entraîner une déterioration qui mettra en péril ces caractéristiques. De ce fait pour obtenir le maximum d'un beurre de type AOC ou de beurre dont la crème a subi une maturation, il est préférable de réaliser avec du beurre des préferments de longue durée, 4 à 5 heures comme une poolish. Dans ce cas les chances de développer des saveurs caractéristiques à cause d'une part de la fermentation proprement dite et d'autre part des saveurs particulières apportées par le beurre vont donner au croissant une typicité qui lui est propre. Il semblerait que les bactéries lactiques présentes dans le beurre préfèrent une température d'environ 15°C. De ce fait, il serait interessant de faire des préferments qui pousseraient de longues heures à cette température.

Le pétrissage

Il est entendu que pour obtenir le meilleur feuilleté possible, il est nécessaire de limiter le pétrissage. Il doit se résumer à un simple mélange. De nos jours du fait d'avoir supprimée la fermentation en masse, le pétrissage est un peu plus soutenu, bien souvent au détriment du croissant. En effet, le pétrissage a besoin d'être réalisé partiellement car le tourage exerce une force sur la pâte qui développe le gluten et complète le travail commencé lors du pétrissage.

Le tourage

Le tourage est l'action de plier la pâte afin de constituer les couches successives de beurre et de pâte. Il existe différentes façons d'effectuer cette opération en réalisant soit des tours simples, soit des tours doubles, soit des tours porte-feuilles. Cette opération débute en mettant le beurre dans la pâte. Il existe différentes techniques pour emprisonner le beurre dans la pâte avant de procéder au tourage.

Pâtes feuilletées — Les pâtes

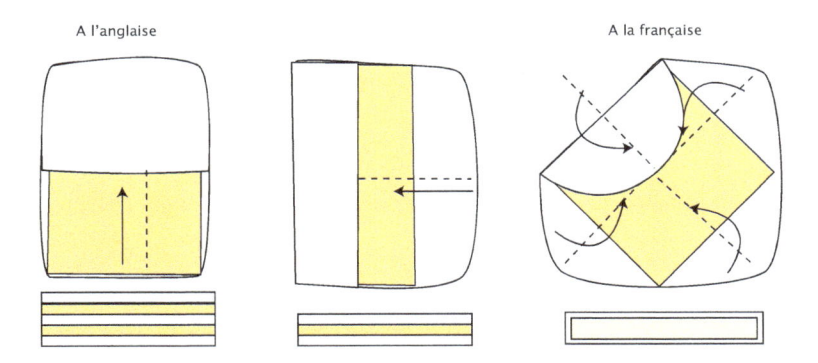

A l'anglaise

A la française

D'une façon générale, si le beurre mis dans la pâte au départ est très mince et de sucroît mou, le nombre de tours sera moindre, par contre si le beurre à une certaine épaisseur et de sucroît il est dur, le nombre de tour sera supérieur. De la même manière, si le beurre est introduit selon la méthode anglaise, même avec un beurre mou, en fonction de la manière dont la pâte est laminée, il faut faire un tour voire un 1/2 tour de plus. Lorsqu'on coupe une section de la pâte, les strates beurre pâtes devraient être à peine perceptibles, cela devrait ressembler à une ligne de beurre et une ligne de pâte et ainsi de suite. Si les strates sont bien distinctes, il faut augmenter d'un 1/2 voire 1tour. Si on ne tient pas compte de ces particularités, le beurre a grande chance de couler lors de la cuisson.

Pas assez de tours

Nombre de tours suffisants

Le choix de tours simples devrait être priorisé en tout temps pour une plus belle qualité du feuilletage. En tout temps avec un beurre mou, il est préférable de procéder avec des tours simples

Quel que soit le type de beurre, je préconise une pâte la plus froide possible. La température du beurre devrait être de 14°C à 16°C pour un beurre sec. Pour un beurre plus mou, la température devrait être plus basse particulièrement si l'on a travaillé le beurre pour l'amincir comme une feuille de papier.

Plus, un beurre est mou, plus il pénétre dans la pâte, moins fine doit être l'épaisseur de la pâte à l'ouverture, Un repos d'au moins 1h entre chaque tour est alors indispensable. Plus un beurre est dur, plus le "laminage" de la pâte peut-être fin, car le beurre pénétre moins facilement la pâte. Si le laminage est suffisamment fin, on aura besoin de moins de tours.

La Pâtisserie du XXIe siècle : les nouvelles bases

Pâtes feuilletées — Les pâtes

De ce fait, il est possible d'avoir des croissants à 2 tours (comme sur la photo de la page...) voire de 2 tours 1/2 et des pâtes feuilletées à 4 tours avec d'excellents résultats, sinon meilleurs que le nombre de tours pratiqué aujourd'hui. A titre d'expérience, il est préférable d'avoir de fines couches de beurre et de faire moins de tours pour une qualité de produit supérieur. Certes, cela demande un certain temps d'ajustement mais cela vaut la peine d'essayer.

L'apprêt

L'apprêt ne doit pas se faire à une température trop élevée. La pâte ne devrait pas être poussée à son maximum afin de lui permettre de finir de gonfler lors de la cuisson.

La surgélation et la congélation

Si la surgélation est un moyen efficace de préserver les produits sur une plus ou moins longue durée, je la déconseille dans le cas des pâtes viennoises, même si c'est une pratique très répandue parmi les artisans boulangers et pâtissiers.

Quelles que soient les qualités de la surgélation, elle ne permet d'aucune façon de rendre justice au croissant. Toutes les études faites sur le sujet montre tout la complexité d'obtenir des produits de qualité avec la surgélation ou la congélation. En plus, ces techniques requièrent des améliorants et des doses importantes de levures. De plus, pour des questions de rétention gazeuse, le fait de surgeler les croissants exige d'omettre toute fermentation qui prive le croissant d'une grande richesse de saveur.

Il existe deux facons de surgèler ou de congeler les croissants, des pâtes à crues façonnées, non poussées et des pâtes prépoussées, c'est à dire que les croissants ont poussé au 2/3 avant d'être congelés. La première méthode exige une décongélation à 4°C au préalable et ensuite une pousse en étuve, la seconde permet un enfournement direct dans le four.

Je concois que le fait de ne plus congeler les croissants et revenir à une production traditionnelle est exigeant et nécessite une réorganisation du travail. Cependant, la qualité qui en résultera sera incomparable tant au niveau de la saveur, que du feuilletage que de la conservation.

Les améliorants

Beaucoup de pâtissiers et de boulangers utilisent des améliorants pour la confection de leurs croissants particulièrement lorsqu'ils les congèlent. Ces améliorants sont un cocktail de produits dont des enzymes qui améliorent les qualités plastiques des farines. Cependant, un certain nombre d'artisans ne souhaitent pas les utiliser et ne savent comment les remplacer. Pourtant, il existe des solutions.

Pâtes feuilletées

Les pâtes

-Pour remplacer les émulsifiants : le jaune d'oeuf (efficace même sur de longue période de congélation)

-Pour stabiliser la fermentation et éviter le développement d'acidité : la poudre de lait.

-Pour améliorer l'extensibilité de farine forte : la fécule de riz à raison de 6% à 8%

-Pour améliorer la fermentation, la saveur, la coloration et l'extensibilité : le sirop de malt.

Conclusion

Le croissant est le symbole du petit déjeuner à la française ce serait dommage de le faire tomber de son piédestal pour des croissants, certes de bonne facture, mais qui ne remplaceront d'aucune façon la qualité que l'on peut obtenir avec des préferments comme la poolish ou une longue fermentation de la détrempe. Même si les méthodes de pousses lentes contribuent à la saveur, elles n'offrent pas toujours les mêmes qualités qu'un long pointage en masse. Et de grâce, rendez au croissant son goût originel en réintroduisant le malt !

Vers une technique universelle

Depuis que j'ai entrepris l'écriture de ce livre, les éléments se sont imbriqués les uns à la suite des autres, jusqu'à constuire la trame que je vous propose dans cet ouvrage. Cependant, les dernières études menées sur la ganache et les plus récentes sur la brioche m'ont conduit à aller plus loin dans ma réflexion. Je ne me serais pas imaginé un jour que je trouverais une similitude à s'y méprendre entre la ganache et la brioche. Je ne pouvais laisser cette réflexion sur le bord de la table ou la remettre à une prochaine édition. J'ai décidé de vous faire partager cette réfléxion qui m'a conduit à élaborer une méthode unvierselle pour la réalisation des pâtes. Cette méthode permettra de conclure le chapitre mais aussi d'enrichir les techniques existantes. Tout laisse à penser que cette technique offre la meilleure cohésion au sein des pâtes de toutes les techniques actuelles, et explique non seulement la nouvelle méthode de la ganache que j'aborderai dans les prochains chapitres, mais confirme que les amandes en poudre et le cacao en poudre doivent bien être mélangés au beurre et au sucre avant d'être introduit dans les pâtes. En effet, la ganache n'est pas une crème, mais une pâte alors que la ganache au chocolat blanc est davantage une émulsion partielle ou une émulsion destabilisée.

Les pâtes sont construites sur un modèle unique, même si à prime abord elles paraissent toutes différentes. Si vous prenez le temps de relire le chapitre des pâtes vous constaterez que ce modèle se trouve en filigramme de tout ce qui a été écrit.

Les ingrédients qui composent toutes les pâtes pâtissières sont : la farine, le beurre, le sucre et l'eau.

Il a été expliqué précédemment que ces ingrédients étaient imbriqués sous la forme d'une suspension et d'une émulsion.

L'eau est la phase continue dans laquelle la farine, éventuellement le sucre, sont en suspension. Dans cette phase continue est dispersé le beurre dans lequel est éventuellement en suspension le sucre.

Cependant le beurre n'est pas un élément liquide comme de l'huile. Il n'est pas non plus tout à fait un élément solide puisqu'il a été expliqué qu'en fonction des températures, une partie des acides gras du beurre pouvait être solide et une autre partie liquide. De ce fait, comme je l'ai expliqué dans les chapitres précédents, une partie des acides gras (acides gras solides) sont en suspension et l'autre partie des acides gras s'émulsionne avec l'eau au coeur de la pâte (acides gras liquides) C'est pourquoi j'ai parlé d'émuslion partielle. Quant au sucre, c'est le trouble-fête. Il a été vu que si le sucre n'est pas dispersé dans l'eau, il pouvait rompre l'émulsion. D'autre part, le sucre fixe l'eau mais peut aussi, dans une certaine mesure stabilise la matière grasse. Le beurre à l'état de crème donne plus de solidité à la pâte que s'il est liquide. Il favorise aussi l'extensibilité.

Dans quel ordre faire entrer les ingrédients ?

Si on suit la logique de ce qui vient d'être écrit, le sucre et la farine sont dispersés dans l'eau puis le beurre est introduit dans la pâte. Cependant, le beurre n'est pas à l'état liquide et son introduction est plus difficile. Le beurre cherche à entrer dans la pâte qui est déjà imbibée d'eau. Le mélange va donc entrainer une destructuration de la pâte pour la restructurer à nouveau.

Cette fois j'applique la méthode du sablage classique telle que je l'ai démontré dans le chapitre des pâtes levées. Le beurre a partiellement enrobé la farine. Lorsqu'on ajoute l'eau dans lequel le sucre a été dispersé, l'eau va pénétrer rapidement dans la farine. Cependant, les morceaux de beurre qui n'ont pas enrobé la farine vont à nouveau compétionner avec l'eau pour prendre leur place. De ce fait, le phénomène de déstructuration expliqué dans l'expérience précedente se produit à nouveau mais de façon partielle.

Il faut comprendre, contrairement à ce qui s'écrit – du fait que le beurre soit à la fois solide et liquide, d'autant plus s'il est froid– que le beurre même s'il enrobe toute la farine, n'empêche pas l'eau de pénétrer la pâte. Tout au contraire, l'eau pénètre plus facilement la pâte et s'émulsionne bien mieux. D'autre part, le fait d'ajouter une toute petite partie de l'eau dans le mélange farine/beurre dès le départ facilitera mieux encore l'introduction du restant d'eau, en même temps que de faciliter le mélange farine/beurre. De même que la présence d'oeufs contribue plus encore à la pénétration de l'eau dans le mélange du fait de son pouvoir émulsifiant.

La méthode universelle

Le principe est de réaliser une pâte friable selon la méthode qui suit

Bien mélanger tous les liquides froids avec le sucre. Réserver.

Dans la farine ajouter le sel et la levure s'il y a lieu, ajouter le beurre bien froid en cube (la température du beurre varie en fonction du type de beurre), ajouter une portion de liquide de telle manière que l'on respecte les deux régles suivantes : le beurre doit représenter pas moins de 60% de la somme de beurre + l'eau des liquides et l'eau doit représenter pas plus que 40% de la somme de la farine + l'eau des liquides. Généralement, le montant est de 18% à 20% de liquide par rapport au poids de la farine.

Dans le cas des pâtes sablées, ajouter tout le liquide.

Mélanger à la feuille pour obtenir presque une pâte friable. Avant qu'elle ne forme une masse (changer la feuille pour le crochet dans le cas de pâtes levées) ajouter petit à petit, le restant du liquide tout en pétrissant ou en mélangeant (crochet ou feuille) le temps nécessaire en fonction des types de pâtes.

En fonction des types de pâtes, le beurre pourra être plus mou, particulièrement pour les pâtes battues, la température des oeufs devra être alors à la même température que le beurre.

La masse cacao beurre sucre, ou amandes beurre sucre pourra être introduite en cours de sablage. Il est préférable, en fonction du type de pâte, de refroidir auparavant le mélange cacao beurre sucre, ou amandes beurre sucre.

Avantage de la méthode :

le beurre est plus stable.

le pétrissage est plus court même dans le cas de la pâte levée

le produit est plus moelleux et léger.

le volume n'est pas pénalisé, ni la structure de la mie voire le panettone à la levure.

rapidité de réalisation

Cette méthode permet ainsi de réaliser pâtes friables, pâtes battues et pâtes levées.

De plus, dans le cas de pâte levées de type brioche, il est possible en jouant sur la quantité de sucre et de liquide d'obtenir un produit similaire au cake mais de façon levée tout en conservant un certain moelleux.

Les crèmes et les mousses

Introduction aux crèmes et aux mousses 165

Structure des crèmes et des mousses 171

Le chocolat 181

Structure des crèmes et des mousses au chocolat 185

Construction des crèmes et des mousses 197

Introduction — Les crèmes et mousses

Introduction aux crèmes et aux mousses

La pâtisserie française offre un large éventail de crèmes et de mousses. Chaque pâtissier a ses propres recettes qui sont bien plus le fruit de son expérience – et de ce qui s'est fait par le passé – que d'une étude approfondie de leurs composantes. La pâtisserie – comparée souvent à une matière scientifique – est bien plus empirique qu'il ne le paraît, du moins dans l'artisanat. L'industrie a depuis longtemps développé une très grande expertise sur la structure des crèmes et des mousses. En pâtisserie artisanale, les principes à respecter sont axés – le plus souvent – sur la manière de réaliser les recettes plutôt que dans la composition de ces éléments et de leur quantité qui changent d'un pâtissier à un autre. Il suffit de penser à la crème pâtissière qui se fait avec une quantité de jaunes qui peut aller de 2 à 12 jaunes par litre de lait voire d'oeufs entiers et parfois une combinaison d'oeufs entiers et de jaune d'oeuf dans laquelle on peut ajouter soit de la fécule de maïs, de la farine ou de la poudre à crème, qui n'est rien d'autre que de la fécule, des additifs, de la vanille et du colorant. De plus, l'ajout de farine de riz transforme la crème pâtissière en une crème Bourdaloue. Ce changement de nom est dû bien plus à l'Histoire de la pâtisserie et aux traditions qu'à une raison technique. D'ailleurs, le fait d'utiliser d'autre type de fécule ou encore de choisir la farine ne change pas le nom de la crème pour autant.

Quant aux mousses qui ont bouleversé ces dernières années le visage de la pâtisserie, les règles restent tout aussi nébuleuses. Pourtant, lorsqu'il s'agit d'ajouter le chocolat la teneur en gras devient alors un élément important pour ne pas fausser l'équilibre de la recette. Le chocolat est le seul élément à bénéficier d'une telle attention, au point d'obliger le pâtissier à effectuer des calculs pour ne pas dénaturer la recette qui lui a été transmise. Cependant, cette règle pourrait être tout aussi valable pour le praliné dont la teneur en gras, en sucre et en matière sèche peut varier considérablement d'un produit à un autre, mais le praliné ne semble pas bénéficier d'une aussi grande attention. Beaucoup de recettes indiquent d'ajouter du praliné sans faire mention des pourcentages des matières présentes dans le produit qu'ils ont choisi.

La Pâtisserie du XXIe siècle : les nouvelles bases

Introduction — Les crèmes et mousses

Une crème : c'est un mélange d'eau, de matière grasse et de sucre dont l'unification se fait, grâce à un agent de liaison tel que l'amidon ou grâce à un tensioactif tel que la lécithine du jaune d'oeuf pour former – dans ce cas – une émulsion (voir chapitre « la construction des crèmes et des mousses »).

Une mousse : c'est une crème à laquelle on a ajouté de l'air.

Toutes ces recettes se sont faites, puis se sont défaites et se sont refaites au cours des siècles jusqu'à les conduire à un point d'équilibre qui correspond à la tendance d'une époque et qui demain sera tout autre. L'évolution de la pâtisserie peut se comparer à l'évolution de bien d'autres secteurs de la société, que cela soit la mode, la parfumerie ou les arts décoratifs. Les changements sociaux influencent les moeurs et les habitudes de nos contemporains. Ils transforment autant leur manière de penser, leur manière de se vêtir, que leur manière de manger. Cela ne signifie d'aucune manière une uniformisation des goûts, puisque chaque artiste apporte à son travail sa propre couleur. Cette diversité, qu'offrent les pâtissiers, se joue davantage sur les saveurs. Les recettes des crèmes et des mousses sont souvent très proches les unes des autres, au point de s'interroger sur ce qui fait qu'une crème à la vanille sera meilleure qu'une autre lorsque les ingrédients sont les mêmes, mais que les quantités varient. Si la matière grasse a un rôle à jouer dans nos produits, sa présence prépondérante n'améliore pas davantage la texture, contrairement à ce que l'on a longtemps cru. Une fois encore, c'est la texture qui fait le goût comme le démontrent des expériences menées par l'INRA (Institut National de Recherche en Agronomie de France). Ils ont trouvé qu'en remplaçant une partie des corps gras d'une mousse de foie par un hydrocolloïde (un hydrocolloïde est un ingrédient qui – lorsqu'il est dispersé dans l'eau – peut agir comme un épaississant; exemple : gomme de caroube, guar, gomme de xanthane, amidon) les mousses étaient plus fondantes. Ainsi, ils ont démontré que la qualité aromatique dépendait de la texture bien plus que de la quantité de gras. La sensation de gras est indépendante de la quantité de lipides substitués. Monsieur Hervé This qui a repris ces études dans son livre « Les secrets de la casserole » affirme que la perception des arômes dépend de la consistance d'un plat.

Ces études permettent donc de démontrer qu'il ne suffit pas d'ajouter du gras à profusion pour avoir du goût et une texture intéressante. Et d'autre part, un ajout modéré d'un hydrocolloïde ou d'amidon – en contre-partie d'une partie de la matière grasse – permet d'offrir une texture aussi agréable en bouche que le gras. Aux pâtissiers d'en tenir compte pour, non seulement offrir des produits générant toujours autant de plaisir, mais aussi offrir des produits moins riches et tout aussi goûteux. Il faut se souvenir qu'il fut une époque pas si lointaine où la crème au beurre dominait la pâtisserie, jusqu'au moment où elle fut détrônée par des produits dits plus légers. Demain, les pâtissiers auront peut-être réussi à

Introduction — Les crèmes et mousses

trouver le bon équilibre entre la matière grasse et les autres éléments qui composent les pâtisseries sans avoir perdu le goût et le plaisir que procure la dégustation des douceurs. Les pâtissiers auront alors réhabilité les desserts souvent accusés – et parfois à tort – d'être des produits riches alors que parfois ils le sont moins qu'un fromage.

Comment arriver au point d'équilibre ? Est-ce une question de sensibilité qui permet après essais et erreurs de trouver la bonne formule ? Où est-ce le fruit d'un travail de recherche approfondi ? Où est-ce encore un mélange des deux ? Quelle que soit la solution, aucun ouvrage destiné à l'artisanat et même les plus avancés ne nous donne une définition pour créer nos propres crèmes, comme cela se fait pour les glaces et les sorbets. En effet, en glacerie il existe des normes pour parvenir à l'équilibre d'un sorbet, d'une glace ou d'une crème glacée. Cependant, ces normes sont toutes relatives puisqu'il est difficile de prétendre qu'il existe un palier qui définit le nec plus ultra d'un produit glacé. Certaines nouvelles techniques comme l'utilisation de l'azote liquide ou certains instruments comme le Pacojet prennent à contre-pied les règles qui définissent la glacerie. Bien entendu, ces produits issus de ces nouvelles technologies sont des produits de l'instant et ne peuvent se conserver comme un produit vendu chez les glaciers, du moins pour le moment.

> il est important de garder en mémoire qu'il existe des seuils minimums à respecter pour la matière grasse, la quantité d'eau, et le taux de matière sèche sans gras. Il ne faudrait pas croire que l'on puisse générer du plaisir avec des produits n'ayant ni texture, ni caractère. Néanmoins, des techniques comme l'azote liquide permettent de générer des textures qui peuvent bouleverser ces seuils minimums. Cette technique permet de jouer sur la structure physique du produit et de générer une texture qui autrement n'aurait pu être obtenue.

Au cours de mon étude sur les crèmes, la question qui m'a le plus intrigué est :

Quelle sensation génère la crème ou tout autre produit crémeux une fois en bouche?

Prendre une cuiller de crème, de lait ou d'eau ne procurera pas le même effet en bouche. La crème habille la bouche et donne une sensation de longueur que n'offrent pas le lait et encore moins l'eau. Ce n'est donc pas seulement le goût de la crème qui fait naître la sensation de plaisir, mais aussi l'onctuosité qu'elle nous procure. Il suffit de penser au vin dont le plaisir en bouche se ressent grâce à la présence d'alcool et de sucre qui génère une certaine onctuosité et une certaine viscosité en bouche, mettant en valeur son goût et son caractère. Ainsi, un vin liquoreux donne une sensation plus grande de moelleux dûe à sa richesse en sucre et en alcool.

Introduction — Les crèmes et mousses

Onctuosité :
- Propriété d'un corps lubrifiant étendu en film mince
- Propriété d'adhérer aux parois et d'y rester
- Qualité de ce qui paraît gras au toucher

Viscosité :
- État d'un liquide plus ou moins épais et sirupeux.
- Viscosité d'un liquide : résistance que ce liquide oppose à l'écoulement.
- Propriété particulière aux liquides épais et gluants, d'où résulte une grande adhérence de leurs molécules et la faculté de couler en filet plutôt qu'en gouttelettes.

Si l'onctuosité est souvent associée au gras, elle peut s'obtenir de bien d'autres manières. De l'eau dans laquelle a été ajoutée une certaine quantité de gélatine ou d'amidon, particulièrement des amidons riches en amylopectine, générera une sensation similaire à celle procurée par le gras. De même, un sirop de sucre vous donnera une sensation voisine en bouche. À cela s'ajoute un certain nombre d'additifs qui permettent d'obtenir divers degrés de viscosité comme la gomme de caroube. Cependant, l'onctuosité ne doit pas nous faire oublier les saveurs et les arômes qui donnent un certain caractère au produit.

Ces constatations – combinées aux conclusions des études de l'INRA sur la mousse de foie – m'ont conduit à reconsidérer l'importance du gras. Cela ne signifie pas pour autant que je veuille l'éradiquer de nos pâtisseries, puisqu'il en est un élément clef. Cependant, il est important de reconsidérer sa prédominance pour lui offrir sa juste place sans déséquilibrer nos desserts. Le gras doit apporter une sensation de plaisir et non pas emplir la bouche et bouleverser l'harmonie de nos pâtisseries. Ainsi la crème anglaise ou pâtissière a-t-elle besoin d'autant de jaunes d'oeufs pour générer l'onctuosité recherchée ? Ne serait-il pas intéressant de remplacer le lait par la crème et de diminuer considérablement l'apport de jaunes d'oeufs ? Pourrait-on mélanger la crème ou le lait avec un liant et obtenir un produit proche d'une crème anglaise sans apport d'oeufs ? Toutes ces questions peuvent être considérées comme les prémices d'une nouvelle approche en pâtisserie et en changer la pratique définitivement. Là encore, je ne voudrais pas que les pâtissiers se méprennent sur la nature de mes propos. Mon intention n'est pas de faire des pâtissiers des apprentis sorciers et faire ressembler leur travail à ce qui se fait dans l'industrie. Par contre, je crois important de se questionner sur les manières de procéder, sur la composition des préparations pâtissières. Il ne faut pas craindre d'avoir recours à des produits que les pâtissiers n'ont pas l'habitude d'utiliser jusqu'à ce jour. Tirer parti des recherches menées par les industriels et les scientifiques sur les aliments sur les procédés et les techniques de fabrication ne peut qu'enrichir la pâtisserie. Il faut se rappeler qu'il ne s'agit que de savoir et de technique. C'est dans l'art de la création et du savoir-faire que le pâtissier va se distinguer de ce qui se fait

Introduction — Les crèmes et mousses

dans l'industrie. Il faut savoir mettre les techniques novatrices au service de la créativité pour que l'art soit encore plus grand. Le but du pâtissier est de créer de la haute couture – ou encore du prêt à porter de qualité supérieure – en tirant parti autant de la qualité des produits que des innovations scientifiques et des avancées techniques. C'est ainsi que le pâtissier se forge un nom et une réputation.

Structure — Les crèmes et mousses

Structure des crèmes et des mousses

Pour créer des mousses et des crèmes, il est nécessaire de comprendre que ces produits se basent sur trois piliers qui permettent d'ériger la structure de nos produits.

MG - la matière grasse (en anglais MF milk fat)

Eau - l'eau (en anglais wt water)

ES - l'extrait sec (en anglais DM dry matter)
l'extrait sec contient tous les ingrédients secs d'un produit y compris la matière grasse.
En glacerie le terme extrait sec total est plus utilisé, EST .

C'est en faisant varier leur pourcentage que nous obtenons diverses textures et donc des goûts différents, puisque c'est la texture qui définit le goût du produit autant que les saveurs qu'il contient.

En France la matière grasse d'un produit est calculée – le plus souvent – sur la quantité d'extrait sec du produit fini alors qu'en Amérique du Nord et dans beaucoup d'autres pays la matière grasse est calculée sur le produit fini.

MG/ES - Matière grasse sur extrait sec (en anglais FDM fat in dry matter)

MG sur produit fini (en anglais Fat in Total)

Pourquoi calculer la matière grasse sur l'extrait sec d'un produit ?

Cette valeur serait plus fiable, car l'évaporation de l'eau du produit rend la mesure totale de la matière grasse aléatoire.

Pour bien comprendre le rapport Eau/MG/ES, il suffit de penser au fromage qui est un excellent exemple pour comprendre l'influence de ces trois éléments sur le produit. En effet, en fromagerie plus la quantité d'eau est basse, plus le fromage sera dur. À ce stade, l'équilibre entre extrait sec et matière grasse permettra de donner une texture particulière au fromage . Le fromage a sans aucun doute une des panoplies de textures les plus riches qui vont d'un

Structure
Les crèmes et mousses

- fromage à pâte extra dure à un fromage à pâte molle, en passant par tous les niveaux intermédiaires. Il existe autant des produits de qualité et goûteux, pauvres en matière grasse, que des produits riches en matière grasse. Il faut donc apprendre à trouver l'équilibre pour créer des produits savoureux. Cependant, le point d'équilibre est tout à fait relatif, car la perception est différente pour chaque personne. La seule référence est l'harmonie que peut générer le produit une fois en bouche. Le produit – dont on aime ou n'aime pas les saveurs qui le composent est-il capable – dû à une parfaite symbiose de ces éléments – de générer si ce n'est un certain plaisir, un certain intérêt ? Comme pour une oeuvre d'art, le produit éveille-t-il une curiosité et est-il capable d'offrir une certaine émotion ? Certes, atteindre la perfection est improbable, car ce qui sera parfait pour l'un ne le sera peut-être pas pour l'autre. Par contre, maintenir une constance dans la réalisation des produits et dans leur qualité, tout en conservant une certaine latitude pour faire varier les plaisirs est indispensable.

Lors de l'écriture de mon premier livre , la tâche s'est avérée complexe pour définir des règles pour les crèmes et les mousses. À cette époque, je ne savais pas qu'il existait des normes pour les crèmes et les mousses comme il en existe pour les glaces. J'ai dû donc étudié un nombre considérable de crèmes et de mousses pour chercher à savoir s'il existait des constantes. Les produits de pâtisserie étant très variés, il existe – pour une même mousse à la vanille – presque autant de versions qu'il existe de pâtissiers. J'ai réalisé de nombreuses crèmes et de nombreuses mousses. J'ai constaté qu'au-delà d'un certain seuil l'ajout de matière grasse n'apportait rien de plus au produit si ce n'est du gras. J'ai recoupé mes résultats avec les crèmes et les mousses que j'avais étudiées et j'en suis arrivé à déterminer le taux de matière grasse pour les crèmes et les mousses. Depuis, j'ai pu comparer mes résultats avec les normes présentées dans le livre Technology of Dairy Products (Ralph Early 1997) qui m'a permis de mettre en évidence l'importance de l'extrait sec et plus particulièrement de l'extrait sec dégraissé lactique.

Pourquoi ajouter de la poudre de lait dans les glaces et les crèmes glacées et ne pas le faire dans les mousses et les crèmes ?

En effet lorsqu'on fait des dégustations de mousses à la vanille, même en présence de suffisamment de matière grasse et d'extrait sec, il manque bien souvent une certaine dimension qu'apporte l'extrait sec dégraissé lactique, en l'occurrence la poudre de lait à 0% de matière grasse. La poudre de lait va permettre de stabiliser l'eau de la mousse, favoriser la liaison de l'eau et de la matière grasse, faciliter le foisonnement et contribuer à la texture du produit. Cependant, les normes définies par Ralph Early s'appliquent à une réalité industrielle qui diffère de la réalité artisanal. Néanmoins, ces normes restent des balises qui ne peuvent être occultées. Comme vous le verrez dans les tableaux de la page 174, la norme

Structure   Les crèmes et mousses

que j'ai établie dans mon première livre « La Pâtisserie Nouvelle Théorie » complète bien celle définie dans Technology of Dairy Products.

Norme des mousses selon Ralph Early :

Pourcentage sur le poids total de la recette.

Minimum 7% ESDL Maximum 12% (il est préférable de rester en deça).

Minimum 8% de sucre Maximum 15% de sucre

Minimum 31% d'Extrait Sec Total. (Le poids des ingrédients moins leur teneur en eau)

La quantité de matière grasse est laissée la discrétion du technologue avec une moyenne de 12%.

Recette donnée à titre d'exemple dans le livre que j'ai adaptée à une dimension artisanale.

500g de lait à 2%, 148g de crème à 38%, 42g de poudre de lait, 88g de sucre + vanille + émulsifiant/stabilisateur.

Norme selon Berry Farah (La Pâtisserie Nouvelle Théorie) :

Pourcentage sur le poids total de la recette.

Pour le sucre j'en étais arrivé à la conclusion que la teneur idéale serait de 15%. Cette conclusion est en relation avec deux études, une menée en Égypte et l'autre aux États-Unis où il a été démontré que 15% de sucre était la quantité idéale pour une glace à la vanille http://www.dairyscience.info/ice-cream-/154-ice-cream-mix.html.

Pour la matière grasse :

Crème : 10% à 12% Mg

Crème au chocolat : 15% de Mg

Crème au praliné : 15% de Mg

Mousse : 21% de Mg (en présence de crème fouettée avec d'autres techniques qui ne requièrent pas de crème fouettée la teneur pourrait être moindre)

Mousse au chocolat : 28% à 30% de Mg (la teneur pourrait être moindre)

Les études –citées plus haut– sur la quantité de sucre dans la crème glacée à la vanille portaient aussi sur la quantité de matière grasse dont le pourcentage optimum a été fixé à 14% de matière grasse.

Structure — Les crèmes et mousses

Calculé sur le poids total	Équilibre des crème et des mousses	
	Crème	Mousse
Matière Grasse	15 % min	21% (voire au-delà ou en deçà)
ESDL	7% à 11%	7% à 11%
Extrait Sec Total	31% min	31% min
Sucre	15%	15%

Etude de la crème pâtissière

Pour mieux comprendre ces principes, la crème pâtissière va servir d'exemple. Sa composition va permettre de se poser des questions sur les ingrédients et leur utilité.

1 – Quelle quantité de jaunes d'oeufs faut-il pour réaliser une crème pâtissière et la présence de blancs d'oeufs change-t-elle la texture de la crème ?

De nos jours, la quantité de jaunes d'oeufs dans la crème pâtissière a été réduite. Elle se situe aux alentours de 8 à 6 jaunes d'oeufs au litre de lait. Il est vrai que la présence de jaunes d'oeufs donne du goût, de la texture – grâce à l'onctuosité qu'ils génèrent – et du liant. Cependant, cette notion de liant est toute relative puisque les jaunes ne suffisent pas à donner la consistance voulue à la crème pâtissière. Sans la présence d'amidon, la crème pâtissière ressemblerait à une crème anglaise, une sauce « nappante » et peu consistante.

Cependant, il faut se demander pour quelle raison, pendant près de deux siècles, la crème pâtissière, tout comme la crème anglaise, contenait 12 jaunes d'oeufs au litre. La raison se trouve dans la composition du jaune. Le jaune d'oeuf est riche en protéines, ce qui renforce la structure de la crème. En plus, il est un excellent émulsifiant. Le jaune d'oeuf est donc un agent structurant qui permet d'enrichir l'onctuosité en donnant une certaine dimension à la crème particulièrement avec des crèmes non liées. C'est pourquoi le jaune d'oeuf mis en excès alourdit la crème. Le fait de diminuer la quantité de jaunes modifie la structure et la texture de la crème. Dans les glaces, où le jaune n'est plus utilisé qu'en faible quantité, c'est la poudre de lait –dont il a été fait mention précédemment– qui vient combler le déficit des jaunes. Les protéines du lait sont aussi des agents structurants. Ils agissent, entre autres, comme agent de foisonnement et comme émulsifiant. Précédemment, il a été mentionné qu'il fallait environ 7% d'Extrait Sec Degraissé Lactique pour apporter structure et texture à une crème. L'Extrait Sec Degraissé Lactique ne contient pas que des protéines, il contient du sucre, le lactose.

Structure — Les crèmes et mousses

Prenons l'exemple d'une crème pâtissière classique :

12 jaunes (240g) 1l de lait 250g de sucre 90g d'amidon / Poids Total=1580

La quantité ESDL du lait représente 8% soit 80g, la quantité de protéines des jaunes c'est 17% soit 40g. Soit un total de120g. Ce qui représente un peu plus de 7.6%. Si on abaissait la quantité de jaunes d'oeufs à 8 on obtient un pourcentage de 7%.

Ceci explique pourquoi les meilleures recettes de crèmes pâtissières sont celles qui contiennent entre 8 et 12 jaunes. Au-dessous, il est nécessaire d'ajouter de la poudre de lait.

2 jaunes -10g poudre de lait / 4 jaunes - 6g de poudre de lait / 6 jaunes - 2g de poudre de lait

Quant au blanc d'oeuf, il fait augmenter la quantité d'eau et modifie la texture de la crème. La liaison d'une crème au blanc d'oeuf donne une texture plus relâchée.

Faire une crème pâtissière sans jaunes d'oeufs en remplaçant le lait par de la crème pour combler l'onctuosité des jaunes serait possible. L'ajout de poudre de lait sera tout de même nécessaire. Cependant l'absence du goût du jaune d'oeuf – ce qui caractérise la crème pâtissière – fera défaut.

2 – Quelle quantité d'amidon est nécessaire pour lier la crème pâtissière et peut-on remplacer l'amidon par un autre liant ?

Si les recettes contemporaines de la crème pâtissière contiennent 80g à 90g d'amidon ou de farine, certaines recettes plus anciennes contiennent jusqu'à 120g de farine au litre de lait. Dans le livre de1883 d'Urbain Dubois, il allait jusqu'à mettre 200g de farine pour un litre de lait. Il est important de noter que l'amidon est un liant plus fort que la farine et non le contraire. Ceci explique la raison pour laquelle la quantité de farine est souvent plus importante que celle de l'amidon. En théorie, pour 80g d'amidon nous devrions avoir environ 115g de farine. Ainsi, la quantité de 120 g de farine ne paraît pas exagérée. L'amidon reste le premier choix, car il offre une meilleure liaison que la farine. Pour ma part, je maintiens l'amidon à 90g au litre. Cependant, descendre en deçà de 80g risque de donner une moins bonne tenue à la crème.

Les propriétés de l'amidon

Il existe différents amidons dont la différence se joue particulièrement entre la quantité d'amylose et la quantité d'amylopectine qu'ils contiennent. L'une joue sur le gel (amylose) et l'autre sur la viscosité(amylopectine). L'amidon de riz a la particularité de pouvoir remplacer la matière grasse. Il est utilisé dans l'industrie dans les crèmes glacées, les yogourts ou les sauces à salades crémeuses (Source: Starch in Food, structure, function and

La Pâtisserie du XXIe siècle : les nouvelles bases

Structure — Les crèmes et mousses

application Edited by Anne-Charlotte Eliasson). Cet amidon de riz offre une texture plus fondante que d'autres amidons.

L'amidon peut-être affecté par :

- des pH très bas en dessous de 3.5

- des forces de cisaillements produites par un mixage intensif ou par des procédés telle la cuisson sous-vide

- la quantité d'eau. L'amidon a besoin d'une certaine quantité d'eau pour agir. Lorsque les autres produits solides de la préparation sont solubles dans l'eau tel que le sucre, l'eau disponible pour l'amidon est moins importante et peut par conséquent lui nuire. Inversement, s'il y a trop d'eau l'amidon ne pourra pas absorber toute l'eau présente. Les produits solides, solubles dans l'eau d'une préparation, doivent représenter entre 20 % et 45 % du poids d'eau totale de la préparation.

- la matière grasse. Comme il a été vu pour la farine, la matière grasse a tendance à rendre moins disponible l'amidon à l'absorption de l'eau, et donc en sa présence la quantité d'eau capable d'être absorbée par l'amidon est moindre.

la congélation et la surgélation affectent l'amidon et entraînent un effet de synérèse (séparation de l'eau de la préparation). Dans ce cas, l'utilisation d'amidons adaptés à ce processus est nécessaire. Cependant, en présence d'une certaine quantité de sucre l'amidon de riz résisterait mieux à la congélation (Arunyanart, T and Charoenrein, S. 2008. Effect of sucrose on the freeze-thaw stability of rice starch gels: Correlation with microstructure and freezable water.)

La gélatine et l'amidon

Lorsque la gélatine est associée à l'amidon, particulièrement celui riche en amylopectine, elle va renforcer la sensation de gras.

L'amidon et le carraghénane Iota

Le carraghénane Iota permet de multiplier la viscosité de l'amidon de près de 10 fois. Il est donc possible de diminuer de 35% à 40% la quantité d'amidon. La viscosité est à son maximum quand la quantité de iota carrghénane est à 0.5% du poids total. (Source : International Starch Trading Co. Danemark). De plus, cette combinaison permet d'améliorer la texture et la saveur, de renforcer les propriétés de l'amidon, de mieux supporter les cycles de congélation – décongélation et de mieux résister aux effets de cisaillement provoqués par le fait de fouetter la crème. Cette combinaison permet d'offrir une nouvelle texture à la crème pâtissière.

Structure — Les crèmes et mousses

Important : le carraghénane Iota, lorsqu'il est lié avec l'amidon, peut générer une texture granuleuse. Il est donc essentiel de prendre soin à l'incorporation des éléments. Il serait possible d'ajouter le carraghénane à la toute fin de la préparation un peu avant l'ébullition.

Indépendamment de l'amidon, le carraghénane iota réagit en présence du calcium. De ce fait, si une quantité de 10 g au litre d'eau donne une texture flasque avec un litre de lait nous aurons une texture ferme qui rappellera le blanc d'un oeuf dur trop cuit. De ce fait, le carraghénane suffirait à lui seul à lier la crème. Dans ce cas, la texture s'apparente au flan. C'est d'ailleurs grâce au carraghénane que l'industrie crée des crèmes brûlées qu'il suffit de réchauffer, puis de couler dans des ramequins et les laisser prendre – sans nécessité de cuisson – avant de les mettre au froid. Le carraghénane a une température de gélatinisation d'environ 40°C. Bien souvent dans l'industrie agro-alimentaire le carraghénane iota est combiné avec d'autres gélifiants ou épaississants comme la pectine pour augmenter l'aspect crémeux et fondant et/ou sa solidité.

Cette analyse sur la crème pâtissière pourrait aussi bien s'adapter à la crème anglaise sachant cependant que les oeufs sont le seul liant de la crème anglaise. Il serait possible de diminuer la quantité d'oeufs comme cela a été expliqué pour la crème pâtissière. Il est possible de renforcer l'onctuosité grâce à des liants du type xanthane, gomme de caroube et même de la farine de riz glutineux en faible dose ou de l'amidon de riz. L'ajout de ces agents permettra – de ce fait – d'amener à ébullition la crème anglaise qui est généralement cuite à 85 °C, pour conserver l'aspect « nappant » de la crème et d'éviter aux oeufs de coaguler.

Les combinaisons sont innombrables. Aux pâtissiers de choisir la texture qu'ils jugeront la plus adéquate pour les préparations qu'ils créeront.

À présent, que le principe des crèmes a été étudié, il est plus facile de se pencher sur les mousses. Comme il a été mentionné dans le chapitre précédent, la différence entre une crème et une mousse est due à l'ajout d'air. Pour ce faire, il faudra ajouter un appareil mousseux ou introduire de l'air à l'appareil crémeux. Le volume d'air à ajouter varie en fonction de la légèreté que le pâtissier souhaite conférer à son produit. L'air ajouté devrait permettre d'augmenter le volume de l'appareil crémeux. Si généralement, l'ajout d'air se fait en introduisant de la crème fouettée ou des blancs d'oeufs, il sera possible – comme cela sera vu dans le chapitre ayant trait à la réalisation des crèmes et des mousses – d'ajouter de l'air à l'appareil crémeux grâce à de nouvelles techniques et de nouveaux instruments.

Mes tests m'ont conduit à conclure qu'il faudra de 30 % à 45% d'appareil moussant du poids total de notre mousse pour 55 % à 70 % d'appareil crémeux (pâtissière, anglaise, sabayon, pâte à bombe…).

Structure — Les crèmes et mousses

Mousse

45 % à 30 % d'appareil moussant

55 % à 70 % d'appareil crémeux

Dans le cas de nos mousses l'appareil crémeux ne sera pas ou peu lié. L'agent structurant de nos mousses sera la gélatine.

La gélatine est un produit soluble à chaud ou à froid. Actuellement, la gélatine utilisée en pâtisserie est sous la forme de feuille que l'on trempe dans de l'eau froide. Contrairement à ce qu'il est souvent écrit, la quantité d'eau du trempage n'est pas aussi importante que la durée du trempage de la gélatine. Il faut que la gélatine ait suffisamment absorbé de l'eau, mais pas trop, c'est-à-dire qu'elle doit être molle et facilement malléable avant d'être utilisée, mais en aucun cas prolonger sa durée au-delà de 7 mn, comme le précise de nombreuses marques. Cependant, les industriels ont mis au point des gélatines en poudre qu'il n'est plus nécessaire de tremper dans l'eau. Elles sont dissoutes à froid dans les préparations. À la fois plus facile d'utilisation, elles comportent moins de risque sur un plan sanitaire. puisqu'il n'y a pas de manipulation avec les mains comme avec la gélatine en feuille qu'il faut tremper dans l'eau et essorer avant de l'ajouter à la préparation.

La gélatine fait partie de la famille des gels qui sont des produits réversibles c'est-à-dire qu'ils fondent au-delà de leur point de fusion qui se situe entre 27° C et 35° C en fonction de la gélatine. Plus le degré bloom est important plus le pouvoir de gélatinisation est important. En pâtisserie, je suggère d'utiliser une gélatine « gold » autour de 250 degrés bloom, ne pas descendre en dessous de 220 degrés bloom. Le gel se forme immédiatement à 10°C, mais il faut environ 18 heures pour atteindre la gélification maximale. La concentration de gélatine doit être de 0.8 % au minimum pour qu'il y ait gélification. En dessous de ce seuil, la gélatine agira comme agent de viscosité. Dans ce cas, il sera intéressant d'utiliser une gélatine dite de Type B dont le degré de viscosité est plus important.

> Il existe deux types de gélatine de Type A et de Type B leur différence provient avant tout de leur mode de fabrication. Le Type A est obtenu à partir d'un milieu acide et le Type B à partir d'un milieu alcalin. Le Type A est généralement issu du porc et le Type B est issu le plus souvent du boeuf. Le Type B offre plus de viscosité et résiste un peu mieux à l'acidité.

On considère principalement pour les mousses que la quantité de gélatine devrait avoisiner 2.5g par 100 g de crème fouettée.

Le sucre, le pH du produit, et la température du liquide dans lequel la gélatine sera fondue

Structure — Les crèmes et mousses

vont influencer le degré de gélatinisation. Plus la température est élevée, plus la gélatinisation sera moindre. Par contre, plus la quantité de sucre sera importante, plus la gélatinisation sera forte. Quant au pH, sa valeur idéale devrait se situer au-dessus de 5. La température idéale reste 65°C, tant soit d'un point de vue microbien, que du point de vue de la structure du produit. La température – maximale – ne devrait pas dépasser 80°C tout plus 85°C dans le cas d'une pasteurisation.

Important : ne jamais fondre la gélatine dans un produit acide ou dans un jus de fruit, il pourrait nuire à la gélatine. La gélatine fondue ne doit pas être versée sur la préparation à gélifier , mais il faut verser une partie du produit sur la gélatine fondue avant de l'incorporer au mélange.

La gélatine en feuille pourrait être dissoute dans un liquide se situant entre 75°C et 90 °C, jamais au-delà, sans avoir été trempée dans l'eau froide. Cela devrait se faire dans un laps de temps assez court et être refroidi rapidement. La gélatine ne doit pas bouillir.

(Les informations sur la gélatine sont tirées de : Adrianor /Christine Chêne - PB Leiner - Gelita)

La gélatine reste actuellement le meilleur gélifiant. Tous les produits gélifiants que l'on retrouve aujourd'hui dans le domaine de l'alimentation offrent des textures différentes, mais presqu'aucune ne rivalise avec la texture de la gélatine. Néanmoins, l'agar-agar est de plus en plus utilisé en pâtisserie, particulièrement en pâtisserie de restauration. Cependant, l'agar-agar a une texture qui ne favorise pas la pleine expression des saveurs comme la gélatine ou la carraghénane iota. D'autre part, le carrghénane iota, comparé à l'agar-agar, supporte la congélation et la décongélation et n'est pas aussi sensible à l'acidité. Pour obtenir un gel ferme, le carraghénane Iota nécessite la présence de calcium ou doit être combiné avec un autre gélifiant ou un autre agent de liaison.

À titre d'exemple, le nappage absolu de Valrhona est fait à partir de carraghénane Iota combiné à un type de pectine qui elle aussi supporte la congélation. Ce mélange – subtil – permet d'obtenir un produit de qualité idéale pour réaliser des glaçages miroir ou pour créer des coulis et des sauces sucrées.

L'approche abordée dans ce chapitre permet d'offrir au pâtissier une plus grande liberté. Il ne faut pas oublier que la tradition n'est pas figée dans le temps, elle évolue. Et si hier les pâtissiers n'utilisaient pas certains produits, aujourd'hui ces produits sont devenus courants. Il ne faut pas avoir peur d'emprunter à l'industrie ce qu'elle a de meilleur. Profiter du fruit de leur recherche et jouer sur les textures et sur les saveurs permettent d'élargir la gamme des produits du pâtissier. La variété des gélifiants ne doit pas devenir un gadget à la mode, mais un moyen pour un même produit de procurer des sensations différentes une fois en bouche.

Chocolat — Les crèmes et mousses

Le chocolat

Le chocolat est un élément phare de la pâtisserie. Il est devenu aussi prestigieux que le vin. L'arrivée de nouveaux crus et de nouvelles marques nous fait découvrir de petits bijoux. Certains chocolats sont parfumés naturellement à un tel point que l'on peut croire qu'ils sont issus d'un assemblage alors qu'ils ne sont que le fruit de terroirs méconnus. D'autres terroirs, plus fragiles, retrouvent leur lettre de noblesse grâce à la détermination de certaines maisons de chocolat qui font de celui-ci un produit recherché. Choisir un chocolat pour la réalisation d'une pâtisserie, c'est comme choisir un parfum. Il faut déterminer celui qui sera à même de mettre en valeur ce que le pâtissier préparera. Le choix d'un chocolat n'est pas une affaire de snobisme lorsqu'on en parle avec passion et que l'on sait mettre en valeur toutes ses spécificités gustatives, olfactives, et visuelles. Ignorer les différences des chocolats, c'est méconnaître toute leur subtilité et l'influence qu'ils exercent sur les produits de pâtisserie. Cependant, il est certain que le chocolat est souvent dénaturé par les mélanges auxquels il est soumis. Certes, ces caractéristiques s'exprimeront, mais pas avec toute la grâce dont il est capable. Sa richesse se dissimule, entre autres, derrière la crème. Le chocolat – contrairement à ce que l'on croit – n'aime ni la crème, et plus généralement les produits laitiers, ni l'air. Je conçois que cette affirmation risque de faire sursauter plus d'un, puisque le chocolat au lait, la ganache et les mousses au chocolat sont tous faits à partir de produit laitier; Et sans eux, il serait difficile d'imaginer que ces produits puissent exister.

Comment donc prétendre que le chocolat s'accommode mal de la crème?

D'abord d'un point de vue nutritionnel le chocolat noir perd de ses vertus lorsqu'il est associé à des produits laitiers. Selon des chercheurs italiens et britanniques, le lait ferait perdre au chocolat ses capacités anti-oxydantes. (Source : Nature 424, 1013 (28 August 2003), Plasma antioxidants from chocolate, Nature 426, 787-788 (18 December 2003), Nutrition: Milk and absorption of dietary flavanols). Puis d'un point de vue gustatif et visuel le chocolat voit sa texture se modifier et se dénaturer au contact de produit laitier. Qui penserait allonger le vin avec de l'eau ou un tout autre produit ? Cependant, est-il possible de créer des préparations au chocolat sans crème ? Sans aucun doute ! Il ne faut pas oublier que pendant longtemps la mousse au chocolat classique s'est faite sans crème ! C'était une préparation à base de jaunes

Chocolat — Les crèmes et mousses

d'oeufs et de blancs d'oeufs montés. Pour le grand public, elle reste la référence lorsqu'on parle de mousse au chocolat. C'est la recherche de diversité de texture et de goût qui a conduit les pâtissiers à introduire la crème dans les mousses . De la même manière – avant même le chocolat chantilly de monsieur This – les pâtissiers montaient les ganaches au fouet, ce qui faisait des textures pas toujours agréables au palais, car l'équilibre entre la crème et le chocolat n'était pas toujours respecté.

L'utilisation de la crème a modifié les préparations pâtissières et a donné le jour à la nouvelle pâtisserie composée en grande partie de mousses. Cette tendance semble persistante, même si certains pâtissiers ont fait de la place à des crèmes légères et non montées pour varier les plaisirs. Cependant, la présence de la crème a modifié le goût des produits et pas seulement du chocolat puisque les fruits voient – eux aussi– leur saveur transformée par la crème. Si dans bien des cas la crème est indispensable et apporte une saveur incomparable, dans d'autres cas il faut savoir en faire usage avec modération ou s'en passer.

Mais est-il réellement possible d'imaginer une ganache ou une mousse au chocolat sans crème ?

Certainement. L'élément neutre au goût capable de remplacer la crème est l'eau. Cependant, l'eau et le chocolat sont incompatibles. Bien entendu, la présence de lécithine dans le chocolat ou l'ajout de gélatine – deux émulsifiants – va faciliter la liaison eau-chocolat. C'est ainsi qu'est née la béarnaise au chocolat devenu le chocolat chantilly de monsieur Hervé This. Cependant, malgré la présence de la lécithine ou de la gélatine dans l'eau, le résultat obtenu ne nous donne pas une texture aussi agréable qu'en présence de la crème. La faible quantité de la gélatine ne lui permet pas d'agir comme texturant. Malgré la présence du beurre de cacao, la ganache à l'eau manque d'onctuosité. D'autre part, j'ai constaté au cours de mes expériences que le chocolat s'unit mieux à un produit ayant une certaine viscosité. En effet si l'émulsifiant favorise la liaison, il ne suffit pas pour autant à maintenir la suspension du chocolat dans l'eau stable. L'ajout de xanthane, de carraghénane ou de gomme de caroube devrait permettre de meilleurs résultats. j'ai donc mené plusieurs expériences avec divers amidons et la gomme de caroube. Le meilleur résultat a été obtenu avec la gomme de caroube et l'addition d'huile végétale.

Sirop : 100g d'eau 0.2 g de gomme de caroube 15 g de sucre

Ganache: 40g de sirop 50g de chocolat 66 % 16g d'huile de pépin de raisin

Cependant, le fait d'émulsionner le sirop et l'huile offre de meilleurs résultats car il favorise la suspension du cacao sec. L'ajout d'un émulsifiant en très faible quantité permettrait d'améliorer la cohésion de ce mélange, et ce même si l'huile et le sirop peuvent créer une

Chocolat — Les crèmes et mousses

émulsion instable, mais plus stable qu'une vinaigrette du fait de la présence de la gomme de caroube.

Récemment mes tests m'ont conduit à explorer la pectine dont la vertu n'est pas seulement d'être un gélifiant mais aussi un émulsifiant. Dans un contexte où la clientèle est à la recherche de produits ne contenant pas d'additifs, la pectine –même si elle est considérée comme tel– est un produit famillier auprès des consommateurs. De plus, la pectine est un produit très polyvalent qui offre de nombreuses perpectives et pas nécessairement en présence de grandes quantités de sucre, ou d'acide. Elle peut interragir avec des sels minereaux comme le calcium.

Ces ganaches sans crème sont sensibles à la température du sirop et du chocolat ainsi qu'à la manière dont on mélange le chocolat et le sirop, comme il sera vu dans le chapitre la construction des crèmes et des mousses page 197

La ganache est une bonne démonstration d'un produit sans crème. Certes, la quantité de le liquide dans une ganache est moins importante que dans une crème. Cela pourrait expliquer que le résultat soit meilleur, car la quantité d'eau n'est pas trop importante pour perturber le chocolat. Néanmoins, les tests menés pour la réalisation d'une crème au chocolat sans crème me conduisent à des résultats aussi satisfaisants que la ganache.

La crème n'est pas la seule à pertuber le chocolat. L'ajout de l'air peut entraîner un changement de texture, donc de goût, et de couleur de la mousse au chocolat. En effet, une crème sans air paraît plus fondante. Il faut souligner que l'air ajouté sous forme de crème fouettée ou de blancs d'oeufs montés donne des textures différentes. Le blanc d'oeuf apportera plus de légèreté et la crème favorisera davantage le fondant. Cependant la crème reste la préférée des pâtissiers. La texture du blanc d'oeuf – même bien incorporé – n'est pas toujours appréciée. Il est possible de trouver des alternatives au blanc d'oeuf et à la crème fouettée. Le chocolat chantilly de monsieur This a prouvé qu'une crème au chocolat pouvait monter en mousse en présence d'un émulsifiant. D'autre part, monsieur This nous a démontré lors de ses séminaires qu'il existait des protéines moussantes comme la gélatine. De l'eau, du sucre et de la gélatine permettent d'obtenir des mousses. Ainsi sont nées les écumes qui ont fait la réputation de Ferran Adria. Ces écumes peuvent tout aussi bien être montées au batteur. Néanmoins, la quantité d'air ne sera jamais aussi forte que celle d'un siphon. Par contre, il existe des machines à monter les crèmes fouettées, les aérobatteurs, dont la force et la précision permettraient d'obtenir des résultats intéressants. Cette même machine permettrait – sans aucun doute – de monter des crèmes en mousse grâce à l'adjonction d'air.

Force est de constater que les certitudes d'hier peuvent devenir aujourd'hui des doutes et obliger les pâtissiers à reconsidérer ce qu'ils avaient tenu pour acquis.

Les crèmes et mousses

Structure

La structure des crèmes et des mousses au chocolat

Le chocolat contient un élément qui solidifie la mousse, le beurre de cacao, et un élément qui la parfume, le cacao sec. Pour maintenir la texture fondante de la mousse, il est nécessaire de trouver l'équilibre entre les divers éléments (extrait sec, matière grasse et eau) pour que le chocolat ne transforme pas la préparation en un bloc de béton. En même temps, il ne faut pas négliger la teneur en cacao sec qui confère au produit une riche saveur de chocolat. C'est pourquoi l'eau est tout aussi capitale, que le pourcentage d'extrait sec ou de matière grasse. Plus sa présence est importante, plus le beurre de cacao aura d'espace pour se disperser et donc moins rigidifier le produit. En même temps, plus le cacao sec présent dans le chocolat se disperse et plus la saveur est moins forte. L'équilibre entre saveur et structure nécessite souvent des compromis. Ainsi, c'est la quantité de beurre de cacao qui sert de référence pour les calculs des mousses au chocolat afin d'obtenir une texture agréable et souple. Cependant, dans les ganaches qui servent à la confection des chocolats, la quantité de chocolat par rapport à la crème est importante pour des raisons qui ne sont pas liées uniquement au goût mais à la conservation du produit. De ce fait, il est nécessaire d'ajouter des sucres (sucre inverti, glucose, dextrose ou des polyols) non seulement pour des fins de conservation mais

Le chocolat noir est composé de sucre, de beurre de cacao et de cacao sec.

Lorsqu'on dit qu'un chocolat est à 70% le 70% répresente le poids du cacao sec + le beurre de cacao. Le 30% restant représente le sucre. La plupart des compagnies indiquent le pourcentage de beurre de cacao présent dans le chocolat, par exemple 42%. Ce pourcentage permet de connaître la quantité de cacao sec contenu dans le chocolat, soit 70-42 ce qui donne 28% de cacao sec.

Le chocolat au lait contient en plus de la poudre de lait, généralement à 26% de matière grasse

Le chocolat blanc contient du lait en poudre dont le pourcentage de matière grasse varie selon les fabricants mais ne contient pas de cacao sec

La Pâtisserie du XXIe siècle : les nouvelles bases

Structure　Les crèmes et mousses

aussi pour avoir des produits plus tendres avec le risque d'avoir des ganaches trop sucrées.

Dans mon premier livre, j'avais démontré à partir de l'étude de la ganache le pourcentage idéal de beurre de cacao pour avoir une mousse bien équilibrée. Le pourcentage se situait entre 11% à 13% du poids total de la mousse et pour une ganache de pâtisserie entre 18% et 20%. Depuis cette étude, j'ai repris les travaux pour ajouter un facteur de plus, celui du cacao sec afin d'avoir des mousses bien chocolatées. Lors de l'étude des pâtes, il a été déterminé que le cacao sec pouvait supporter jusqu'à 3 fois son poids en eau 2.8 étant la valeur optimale. En tenant compte de ce nouveau facteur, j'ai repris les études des ganaches pour démontrer comment les ingrédients influencent non seulement la ganache mais aussi les mousses et comment il est possible d'arriver à obtenir un bon compromis entre structure, texture et saveur.

La ganache

Si en cuisine, la mayonnaise est la plus célèbre des émulsions, en pâtisserie la plus connue est la ganache.

La ganache a engendré de nombreux débats sur sa méthode de fabrication depuis que les

> La ganache est le point de jonction entre un produit solide et un produit moelleux. La ganache, dégustée à froid, donnera une texture –plus ou moins– solide et à une température plus élevée –de l'ordre de 16°C – elle donnera une texture plus fondante.

chimistes ont commencé à y regarder de plus près. Certes, il existe de nombreuses méthodes même si la plus utilisée reste à verser la crème sur le chocolat. Cependant, monsieur Hervé This a démontré qu'il était plus exact de mettre le chocolat dans la crème étant donné que la ganache est une émulsion H/E huile dans l'eau. Cela n'a pas convaincu un bon nombre de pâtissiers qui restent récalcitrant à cette méthode. D'autres pâtissiers ont laissé sous-entendre –dans leurs écrits– qu'il pouvait s'agir d'une émulsion d'eau dans l'huile. D'autres encore ont tenté de calquer le modèle de la mayonnaise avec un résultat parfois long et pas toujours aussi efficace qu'ils le prétendent, le chocolat étant une matière grasse complexe. Aujourd'hui, après avoir proposé différentes méthodes –depuis ces quatres dernières– j'en suis arrivé à mieux définir ce qu'est une ganache et de ce fait établir un processus de réalisation plus en adéquation avec la structure de la ganache et la texture recherchée.

La ganache n'est pas une émulsion comme l'a reconnu monsieur Hervé This dans « L'actualité chimique » d'avril 2010. Mes expériences m'ont convaincu qu'il avait raison, mais aussi m'a conduit à apporter une nouvelle explication à la formation de la ganache et une nouvelle méthode de réalisation. La ganache ressemble en tous points aux émulsions partielles et aux

Structure — Les crèmes et mousses

suspensions décrites dans le chapitre sur les pâtes.

La ganache est donc une combinaison d'émulsion partielle instable (type vinaigrette) et de suspension.

Contrairement aux pâtes levées et au pâtes battues, il est plus facile de démontrer que l'émulsion qui se produit au sein de ces systèmes complexes est partielle.

Afin de valider ce qui vient d'être énoncé, une expérience a été réalisée à base de beurre de cacao de sucre et de crème.

Ingrédients

-Beurre de cacao en poudre de Cacao Barry MyCryo 100% Beurre de Cacao

-Sucre semoule granulation fine Red Path

-Crème à 35% Laiterie Chalifoux 59% d'eau 6% d'extrait sec

-Beurre My Country Lactantia 80% Mg 18% d'eau

-Poudre de cacao Cacao Barry Extra Brut à 22% de Mg .

-Chocolat sans lécithine Vénézuela Cacao Barry

41.8% de beurre de cacao 28% de sucre 30.2 cacao sec

Recette de référence

60g de crème 40g de chocolat (19g beurre de cacao, 11g de sucre, 12 cacao sec)

Méthode de réalisation

La méthode est basée sur le nouveau procédé de la réalisation de la ganache qui sera expliqué ultérieurement

La phase 1 : 24g de crème à 34°C pour le chocolat noir auquel on ajoute les 40g de chocolat fondu tempéré soit à 32°C.

La phase 2 : Le reste de la crème soit 36g à 34°C est ajouté progressivement en mélangeant bien à chaque ajout.

Expérience A

Au lieu du chocolat, la ganache sera réalisée avec l'une des composantes du chocolat, le beurre de cacao, pour voir effectivement s'il y a émulsion.

Structure — Les crèmes et mousses

A 1- L'expérience a été réalisée par Renaud Boyer chef pâtissier, avec un beurre de cacao solide fondu à 34°C et une crème à 34°C.

Phase 1 : l'ajout du beurre de cacao dans la crème montre des signes de séparation. Le mélange ne réussit pas à s'unifier parfaitement bien.

Phase 2 : l'ajout du reste de la crème fragilise plus encore le mélange, l'émulsion est instable.

A-2 L'expérience a été refaite, cette fois en utilisant du beurre de cacao en poudre et une crème à 56°C

Phase 1: l'ajout du beurre de cacao en poudre dans la crème montre qu'une émulsion s'amorce et laisse suggérer que l'émulsion va se produire. L'émulsion paraît plus stable.

Phase 2 : l'ajout du reste de la crème à 34°C fragilise l'émulsion et la rend instable.

Interprétation

L'état du beurre de cacao est important dans la réalisation de l'émulsion. Si les acides gras du cacao sont tous fondus l'émulsion aura du mal à se réaliser. L'effet d'avoir un beurre de cacao tempéré est donc important. Cependant, il n'assure pas pour autant une émulsion parfaite. Comme cela a été expliqué pour les pâtes, c'est le fait qu'une partie des acides gras du cacao sont solides qui favorise une meilleure stabilité mais aussi parce que la matière la grasse est presque à saturation. L'ajout de crème déstabilise définitivement l'émulsion.

Expérience B

L'expérience a été refaite, cette fois ajoutant le sucre.

B1: La crème est ajoutée sur le sucre. Puis le beurre de cacao en poudre est ajouté. Le mélange est ensuite effectué. Dès le début du mélange, le beurre de cacao a massé. Au fur et à mesure du mélange l'eau s'est séparée de la matière grasse.

B 2 : L'expérience a été reprise en fondant le sucre dans la crème. Puis, le beurre de cacao est ajouté. Cette fois le mélange se produit mais l'émulsion n'est pas plus stable que dans l'expérience A

Interprétation

Dans l'expérience B1 le sucre n'a pas eu le temps de se disperser dans l'eau. De ce fait, l'eau est partagée entre le beurre et le sucre. Ainsi, le beurre de cacao est en sursaturation par rapport à l'eau disponible. Le beurre de cacao va masser, car les acides gras ne sont

Structure — Les crèmes et mousses

pas tous fondus et n'ont pu se disperser dans l'eau de la crème. Dans l'expérience B2, le sucre est parfaitement dispersé dans la crème. Il est en suspension (probablement dans la phase grasse), de ce fait lorsque le beurre de cacao en poudre est versé sur le mélange l'émulsion peut se produire même si elle est instable. L'émulsion paraît plus instable que dans l'expérience A, même si cette appréciation est purement subjective puisqu'elle n'a pu être mesurée. Si la crème et le beurre de cacao sont mélangés, puis le sucre est ajouté, le cacao ne masse pas.

Cela signifierait que pour que la matière grasse ne se sépare pas, il faut que le sucre soit bien dispersé dans la crème ou dans la matière grasse fondue avant de réaliser l'émulsion ou encore que le sucre soit dispersé dans l'émulsion.

Expérience C

L'expérience a été refaite cette fois en ajoutant le cacao sec

C 1

Phase 1 : la crème à 56°C est ajoutée sur le sucre et le cacao en poudre. Puis le beurre de cacao en poudre a été ajouté. Le mélange se fait rapidement et crée le noyau élastique de la ganache. Le mélange est stable

Phase 2 : l'ajout de la crème ne rompt pas l'homogénéité du mélange. La crème est d'un noir bien foncé.

L'expérience a été reprise en saturant la phase 1 en matière grasse c'est-à dire en diminuant la quantité de crème. Dès cet instant la mélange cherche à se séparer. Dès les premiers ajouts de la crème de la phase 2 le mélange se stabilise.

C 2 l'expérience C1 a été reprise en enlevant le sucre.

Les résultats sont les mêmes qu'avec l'expérience C1 à la différence qu'en saturant la phase 1 en matière grasse, c'est-à-dire en diminuant la quantité de crème, le mélange ne cherche pas à se séparer. La pâte paraît plus épaisse et grasse. La couleur de la ganache est bien plus claire qu'avec le sucre. Ce changement de couleur est du fait que le cacao sec est dispersé dans plus d'eau qu'il ne l'était lorsqu'il y avait du sucre.

Interprétation

Cette expérience démontre que c'est le cacao sec qui a stabilisé l'émulsion et a fixé l'eau, du fait de sa richesse en protéines et en fibres. Cela explique aussi que les fibre, plus encore que les protéines, sont capables de stabiliser davantage la matière grasse en l'absence de sucre, lorsque la quantité d'eau est faible. D'autre part le sucre séquestre

Structure — Les crèmes et mousses

l'eau au détriment des protéines et des fibres et rompt le mélange, sauf si le sucre a été parfaitement dispersé dans l'eau ou dans la matière grasse fondue.

Combien de cacao sec permet-il de stabiliser une vinaigrette ?

Il faut environ 22% du poids de la vinaigrette pour stabiliser le mélange.

Conclusion

Le beurre de cacao et la crème ne forment pas une émulsion stable, la stabilité apparente ne se produit que si le beurre de cacao est tempéré et que la quantité d'eau est faible. Si l'on reprend l'expérience A1 ou A2 et que l'on ajoute 4g de poudre de lait, afin que l'extrait sec des matières butyriques soit de 7%, le mélange se stabilise il n'y a plus de séparation. Les protéines du lait ont joué le rôle de stabilisateur.

D'autre part on constate que le cacao sec agit au même titre que la poudre de lait à la différence qu'il faut une quantité de cacao sec plus importante pour parvenir à la même stabilité.

La pseudo ganache réalisée avec le cacao ne durcit pas comme avec du chocolat. Ceci est dû à la grosseur des particules du cacao et du sucre qui interfèrent dans la réogarnisation de la matière grasse tandis que dans un chocolat les particules de cacao sec et de sucre sont extrêmement fines. Elles sont en suspension dans la matière grasse et permettent donc aux acides gras de se réorganiser et de permettre au beurre de cacao de retrouver son état solide, sauf si les particules solides sont en grand nombre. De ce fait, la grosseur des particules de matière sèche dispersées dans un corps gras aura un impact sur l'organisation de la matière grasse, de même que le nombre.

L'ajout d'eau – par l'apport de crème– entraîne la dispersion de la matière grasse, le beurre de cacao dans lequel sont dispersés des éléments solides, le sucre et le cacao sec. Plus il y a d'eau, plus les particules des matières sèches sont petites, plus l'onctuosité va diminuer et plus on perd la rondeur en bouche sauf si on rajoute de la matière sèche. Plus, il y a de matières sèches autre que la matière grasse plus la crème devient moins solide et plus crémeuse. Pour valider ces affirmations, d'autres tests ont été menés avec des ganaches au lait.

Ingrédients

- Chocolat Taïnori Valrhona, Cacao 64% Sucre 35% Mg 39% Cacao Sec 25%
- Lait Lactantia 3.5% Mg 88% d'eau 8% ESDL

Structure — Les crèmes et mousses

Calcul de la recette

Il a été déterminé que le cacao sec supporte de manière optimale 2.8 fois son poids en eau, ce qui signifie que le cacao est dispersé à son maximum; au-dessous le cacao sec sera davantage concentré, au-dessus il sera davantage dilué.

Chocolat = 88g d'eau du lait / 2.8 Coefficient Cacao / 0.25 (25 %) de Cacao sec

Chocolat = 126g

Recette : 100g de lait à 3.5% 126g de chocolat à 64%

Si à présent on calcule le pourcentage de beurre de cacao de la recette

% Beurre Cacao de la recette =126*0.39 (39%) Cacao sec / (100+126) Total de la recette

% Cacao Sec =126*0.25 (25%) Cacao sec /(100+125)Total de la recette

% Beurre Cacao de la recette = 21% % Cacao sec = 14 %

Si l'on choisit de remplacer le lait par la crème 35% (100g = 35 Mg 6 ESDL 59 Eau)

Recette : 100g de crème à 35% 84g de chocolat à 64% (calculer de la même manière que pour la recette de la ganache au lait)

% Beurre Cacao de la recette = 18% % Cacao sec = 11.4 %

Interprétation

les textures sont différentes. Celle au lait est plus souple avec pourtant davantage de beurre de cacao, mais une texture moins riche que la crème et une intensité plus forte en cacao. Par contre le goût de l'eau se ressent davantage puisque le cacao est plus dispersé. Le lait ne permet pas une bonne suspension du cacao sec. De ce fait, lorsqu'on déguste la ganache au lait, c'est l'eau qui se ressent dès la première bouchée, puis vient le goût du cacao sec comme s'il y avait la présence de poudre de cacao. Cela se ressent moins avec la crème. Cependant, c'est la matière grasse de la crème qui –à la première bouchée– domine. Le chocolat se ressent davantage par la suite en percevant moins les particules de cacao sec. Le résultat est meilleur si la ganache est réalisée en tempérant la crème et le chocolat. Ceci démontre que la solidité de la crème ne dépend pas seulement du beurre de cacao, mais du rapport entre l'eau et la matière sèche totale.

La Pâtisserie du XXIe siècle : les nouvelles bases

Structure — Les crèmes et mousses

	Ganache au lait 3%	Ganache à la crème 35%
Eau	40%	32%
Matière Grasse laitière	1.6%	20%
ESDL	3.5%	3.2%
Cacao Sec	14%	11.5%
Beurre de cacao	22%	18%
Saccharose	20%	16%
Matière Sèche Totale	60%	68%
Matière Grasse Totale	24%	38%
Rapport Eau / Cacao Sec	2.8	2.8
Rapport Matière Grasse Totale / Eau + MGT	37%	54%

Abaissons le rapport eau / cacao sec de 2.8 à 2.5.

Nouvelle recette : 100g de lait à 3.5% 140g de chocolat à 64%

Cette fois la crème est mieux équilibrée mais plus dure. On constate que cette fois la crème s'est durcie du fait qu'il y a moins d'eau et davantage de beurre de cacao. L'intensité du chocolat est optimum.

Comment conserver cette ganache souple et améliorer sa texture ?

Le sucre permet de ramollir la crème. D'autre part, il a été dit –précédemment– qu'il fallait au moins 7% d'ESDL pour donner une meilleure structure à la crème. De ce fait, l'ajout de lait en poudre apporte non seulement du sucre, mais des protéines, Ces protéines peuvent d'absorber près de 10 fois leur poids en eau. En plus, elles ont une capacité émulsifiante qui favorise une meilleure cohésion de l'eau et de la matière grasse en plus de prolonger la durée de conservation de la ganache.

| Structure | Les crèmes et mousses |

Nouvelle recette : 100g de lait à 3.5% 140g de chocolat à 64% 10g de poudre de lait

Cette fois la crème est bien chocolatée. La texture est plus agréable et la ganache reste crémeuse. La poudre de lait devient un choix intéressant même en chocolaterie ce qui a l'avantage d'abaisser considérablement la quantité de glucose ou de sucre inverti au pouvoir sucrant plus élevé que le lactose. D'autre part, la poudre de lait permet d'abaisser l'activité de l'eau (AW) et donc de favoriser la conservation. De ce fait, il serait tout à fait faisable de réaliser des ganaches à la crème, riche en cacao sec, en ajoutant de la poudre de lait afin de la rendre plus souple. La poudre de lait peut devenir un atout pour améliorer la texture de la ganache.

Cependant dans le cas de ganache à l'eau, il faudrait trouver d'autres protéines qui seraient ajouter à l'eau et à l'huile pour stabiliser le mélange et agir comme texturant. Aujourd'hui l'industrie utilise beaucoup d'isolats de protéines comme agent de structure, comme émulsifiant ou agent de foisonnement. La protéine de pois est la plus intéressante et peut remplacer aussi les oeufs et permettre la diminution de la matière grasse. Comme toutes protéines (caséine, gliadine, protéines des oeufs…), la protéine peut être allergène même si à ce jour elle n'est pas considérée comme telle.

Cette expérience corrobore l'étude de l'INRA, citée précédemment, sur la mousse de foie ou un hydrocolloïde a permis de remplacer la matière grasse et donner un plus grand fondant. Cela conduit à déduire qu'il est peut-être plus intéressant d'avoir une ganache au lait avec de la poudre de lait qu'une ganache à la crème, ou encore d'avoir une ganache à l'eau parfumée et de la protéine de pois. En effet, tout en conservant la rondeur on abaisse la quantité de matière grasse en plus d'avoir une crème plus souple et plus chocolatée car la présence de protéines (poudre de lait ou isolat de pois) permet d'augmenter la quantié de chocolat

Conclusion

Pour avoir une ganache optimum, il est important de tenir compte de la température de la crème et du chocolat. Plus on approche de la température de tempérage 32°C meilleure sera la structure de la ganache. D'autre part, la manière dont les ingrédients s'imbriquent aura une importance sur la texture de la ganache. La méthode de la ganache sera vue en détail dans le chapitre consacré à la construction des crèmes et des mousses.

Il paraît évident, à la lumière de ces tests, que la ganache au chocolat noir est davantage une pâte qu'une crème due à la présence des fibres et des protéines du cacao. On pourrait très bien remplacer la poudre de cacao par d'autres poudres riches en fibres et en protéines et obtenir un résultat semblable. Tandis que la ganache au chocolat blanc est davantage une

Structure — Les crèmes et mousses

émulsion partielle ou destructurée si la ganache est réalisée à des températures inférieures à 34°C. Au-delà de 40°, mieux encore à 42°C, la ganache au chocolat blanc serait une émulsion d'huile dans l'eau H/E dont l'émulsifiant serait la poudre de lait. Pour réaliser cette ganache, il faudrait mettre le chocolat dans la crème et chauffer le tout pour atteindre 40°C. Puis refroidir, tout en mélangeant, pour amener la crème à consistance comme cela avait été expliqué pour le tempérage du beurre. Quant à la ganache au lait, elle se situerait à la jonction de la pâte et de la crème.

Ce travail fait sur les ganaches montre qu'il est possible d'obtenir des crèmes riches en cacao sec tout en demeurant fondantes. Ainsi, il serait possible d'avoir des desserts avec moins de crème mais plus concentrés en saveur ce qui permettrait d'avoir des desserts moins riches mais plus savoureux. Les isolats de protéines, comme la protéine de pois, ouvrent des avenues fort intéressantes en remplaçant partiellement la crème par un liquide de son choix et une protéine.

Construction — Les crèmes et mousses

La construction des crèmes et des mousses

Pour construire les crèmes et les mousses, il est nécessaire de comprendre non seulement leur structure, mais ce qui les définit en tant que crème ou mousse, comme cela a été fait pour les pâtes. Si le pâtissier veut construire ses propres produits et libérer sa créativité, il est nécessaire qu'il comprenne les règles qui régissent les principes de ses préparations. De ce fait, il faut entendre ce que dit la science avant de retrouver le chemin emprunté jusqu'à présent. Rassurez-vous – n'étant pas moi-même un scientifique – j'ai synthétisé et j'ai résumé au mieux de mes connaissances ce que nous dit la gastronomie moléculaire au sujet de la pâtisserie afin de rendre le propos le plus abordable. Néanmoins, il est important de préserver certains termes scientifiques pour ne pas donner cours à de mauvaises interprétations.

Les crèmes et les mousses, tout comme les pâtes et les biscuits, sont des systèmes dispersés. Le terme colloïde est aussi utilisé pour nommer les systèmes dispersés

Un système dispersé est formé d'au moins deux phases dont l'une est la phase dispersante : c'est un milieu continu parfois appelé extérieur. L'autre phase est la phase dispersée et elle est discontinue. Il peut exister plusieurs phases dispersées dont le diamètre moyen est inférieur à 1 nm. Ainsi, à l'échelle macroscopique on ne distingue qu'une phase unique.(Source: Guy Collin, Ph. D., chimiste. Université du Québec à Chicoutimi.)

Pour mieux comprendre ce qu'est un système dispersé, il est bon d'étudier l'un des plus connus dans le milieu culinaire:

L'émulsion.

Une émulsion est une dispersion de deux liquides qui ne se mélangent pas l'un étant en suspension dans l'autre, telles que l'eau et l'huile, à laquelle on ajoute un tensioactif ou agent de surface qui permet à l'eau et à l'huile de créer un mélange homogène. Car les tensioactifs sont des molécules amphiphiles, c'est-à-dire qu'elles sont à la fois hydrophiles et lipophiles et de ce fait elles peuvent s'accrocher autant à l'huile (lipophile) qu'à l'eau (hydrophile) et donc unir l'huile et l'eau ou l'eau et l'huile. Les molécules lipophiles sont

Construction — Les crèmes et mousses

hydrophobes. Les deux mots sont interchangeables. Les deux liquides d'une émulsion sont désignés comme les phases de l'émulsion. Le liquide qui forme les gouttelettes est désigné comme la phase dispersée (ou interne) alors que celui qui entoure les gouttelettes constitue la phase continue (ou externe). Lorsque la phase dispersante est une phase aqueuse (eau) et la phase dispersée est huileuse (huile), il s'agit d'une émulsion huile dans eau (H/E), tels que la mayonnaise, les crèmes glacées, le lait... Dans le cas inverse, phase dispersante huileuse et phase dispersée aqueuse, nous avons une émulsion eau dans huile (E/H), telles que la margarine, la vinaigrette traditionnelle...

C'est l'affinité du tensioactif pour l'une phase ou l'autre qui va déterminer si l'émulsion est directe (H/E) ou inverse (E/H). Le recours à un tensioactif hydrosoluble (soluble dans l'eau) permet une émulsion de type huile dans l'eau alors qu'un tensioactif liposoluble (soluble dans l'huile) favorise une émulsion de type eau dans l'huile. Une échelle empirique permet de classer les tensioactifs suivant leur indice HLB (Hydrophile-Lipophile Balance) et qui détermine si le tensioactif préfère se dissoudre dans l'eau ou dans l'huile. Cependant, la quantité d'eau ou d'huile va elle aussi influencer l'émulsion jusqu'à pouvoir l'inverser.

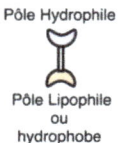

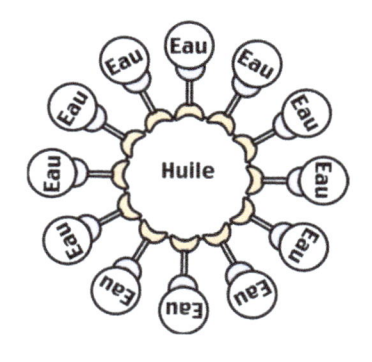

Références:
- THÈSE DE DOCTORAT DE L'UNIVERSITÉ PARIS VI École doctorale de Physique et Chimie des Matériaux présentée par Julie GUERY pour obtenir le grade de DOCTEUR de l'UNIVERSITÉ PARIS VI EMULSIONS DOUBLES CRISTALLISABLES : STABILITÉ, ENCAPSULATION ET RELARGAGE)
- http://www.techno-science.net
- Cours de Chimie de Guy Collin Ph.D Université du Québec à Chicoutimi.

Hormis l'émulsion, il existe bien d'autres systèmes dispersees comme les gels et les mousses.

Classement des systèmes dispersés.

Les mousses : gaz dispersé dans un liquide ou un solide.

Les aérosols liquides : liquide dispersé dans un gaz.

Les aérosols solides ou fumées : solide dispersé dans un gaz.

Construction — Les crèmes et mousses

Les émulsions : liquide dispersé dans un liquide.

Les gels : liquide dispersé dans un solide.

Les sols ou les suspensions : solide dispersé dans un liquide ou un solide.

(Source: CNRS)

Afin de faciliter la compréhension et l'utilisation de ces systèmes, monsieur Hervé This a traduit ces systèmes dispersés, sous forme de formule simple, qui lui a permis de classer toutes les sauces de la cuisine française en 23 types. Je vous invite à consulter le site de Pierre Gagnaire pour en savoir plus sur le sujet.
http://www.pierre-gagnaire.com/francais/modernite/2004/23sauces.htm

La réalisation de la ganache

La ganache est à la base de toutes les crèmes et les mousses au chocolat. Il suffit d'allonger la ganache avec plus de liquide pour avoir une crème. Il suffit d'incorporer de l'air à la crème pour avoir une mousse.

1- Le chocolat doit être versé dans la crème, il n'y a aucun doute là-dessus. Le chocolat est une suspension d'éléments solides (cacao sec et sucre) dans la matière grasse (le beurre de cacao). Lorsque l'eau est ajoutée (la crème), l'eau devient la phase continue et la matière grasse (le chocolat) la phase dispersée. De ce fait, il est indiscutable que la phase continue, la crème, est celle dans laquelle doit être versée le chocolat. De plus, on constate que lorsqu'on procède de cette manière le chocolat pénètre mieux la crème que dans le sens inverse, où la matière grasse semble vouloir se séparer surtout lorsque la crème est en faible quantité.

2- La ganache étant une émulsion instable, lors du mélange du chocolat et de la crème, le beurre de cacao est instable. L'eau est absorbée par le cacao sec. Lorsqu'il y a moins d'eau, le milieu est saturé par le cacao sec et le sucre. La matière grasse remonte en surface. Il y a séparation. Cependant, mettre le chocolat dans toute la crème n'est guère mieux car cette fois le sucre et le cacao sec sont trop dispersés dans l'eau de la crème. L'eau est en excès pour qu'elle soit parfaitement absorbée par le cacao sec. De ce fait, la quantité d'eau doit être suffisante pour que la matière grasse ne se sépare pas. Mais l'eau ne doit pas être en excès pour que le cacao puisse l'absorber. Par la suite, lorsque le reste de la crème est ajouté, petit à petit, le cacao sec va continuer à absorber l'eau jusqu'à son point de saturation. L'excès d'eau constituera la phase continue dans laquelle est dispersée le beurre de cacao, le cacao sec et le sucre. Cependant, l'inconvénient est que le cacao sec gorgé d'eau ne va plus être en suspension et la saveur –plus que la texture– en sera affectée même si –à prime

La Pâtisserie du XXIe siècle : les nouvelles bases

Construction — Les crèmes et mousses

abord– la ganache paraît parfaite. C'est là qu'intervient la température.

2. La température du beurre de cacao a de l'importance car elle évite à l'ensemble des acides gras qui le compose de se fluidifier. Ceci permet de maintenir une meilleure cohésion au sein de la ganache. Ainsi, cela engendre une moins grande dispersion du cacao sec et du sucre donc une meilleure texture du fait que le cacao sec va rester davantage en suspension. La température devrait être celle du tempérage autour de 32°C et la crème devrait avoir une température similaire. Si l'on respecte ce qui a été écrit dans le chapitre l'architecture des pâtes sur le polymorphisme des matière grasses, la température de la crème devrait être à 30°C.

Méthodologie de la ganache

> **Important** : la quantité de liquide donnée dans une recette de ganache doit-être mesurée après avoir été mis à chauffer autrement cela peut entrainer des pertes allant jusqu'à 20% du poids de liquide et fausser la ganache. Le taux d'évaporation, et le transvasement sont à l'origine de ces pertes.

Solution deux phases

Il faut qu'il y ait suffisamment d'eau pour que la matière grasse ne se sépare pas et pas trop pour permettre au cacao sec d'absorber l'eau.

De ce fait, pour la première phase de la ganache, la quantité de matière grasse doit être à 65% du poids d'eau présent dans la recette. Pas moins que 60% pas plus que 70%. Et la quantité d'eau par rapport à la quantité de cacao sec doit être de 1 fois 1.5 fois supérieure.

Un utilitaire est disponible sur le site de patisserie21.com pour effectuer les calculs en fonction de votre recette

Le chocolat doit être tempéré ou à 34°C et la crème doit être à 30°C environ

Verser le chocolat sur la quantité de crème de la phase 1.

Bien mélanger.

Ajouter petit à petit le restant de la crème en mélangeant bien à chaque incoporation

Solution bain-Marie ou en tempéreuse

La solution au bain-marie ou en tempéreuse me paraît être la plus pratique et la plus efficace.

Construction — Les crèmes et mousses

Deux méthodes

A- Le chocolat non fondu et la crème sont mélangés ensemble au bain-marie afin que le chocolat fonde dans la crème. Tachez que la température ne dépasse pas 34°C. Il est possible que la température monte davantage à condition que cette fois que tout le chocolat ne soit pas fondu. Terminer, alors, la ganache en dehors de la source de chaleur.

B- Le 2/3 du chocolat non fondu et la crème sont mis en ensemble au bain-marie afin que le chocolat fonde dans la crème. La température peut être plus élevée que 34°C jusqu'à 40°C. Ajouter ensuite le 1/3 de chocolat restant pour tempérer le mélange.

Les mousses

L'autre système dispersé utilisé fréquemment en pâtisserie est la mousse. Une mousse est constituée d'un appareil de base qui peut être une émulsion dans laquelle on disperse un gaz.

Les règles définies dans le chapitre « Structure des crèmes et des mousses » ont permis de déterminer qu'en maintenant un certain équilibre entre la matière grasse, l'extrait sec et l'eau il était possible de créer un produit agréable à déguster. À présent, il va falloir choisir une méthode pour construire nos mousses et introduire l'air dans notre appareil de base. Comme je l'avais expliqué dans les chapitres précédents, les protéines telles que la gélatine, le jaune d'oeuf et la caséine, pour ne citer que les plus connues en pâtisserie, sont des protéines moussantes. Il suffit d'y ajouter de l'eau pour qu'elles montent en mousse.

Voici trois méthodes, dont deux sont plus ou moins nouvelles dans la pratique de la pâtisserie artisanale. Il est important de rappeler que si l'on respecte la quantité de matière sèche totale, si l'ESDL est correctement dosé et que la matière grasse et le sucre sont bien équilibrés, la nécessité d'utiliser des émulsifiants pour favoriser le foisonnement et améliorer la texture devient facultatif. Cependant, aujourd'hui les compagnies —comme Danisco— offrent des mélanges de stabilisateur, émulsifiant et gélifiant adaptés aux mousses.

Les mousses qui n'utilisent pas de crème fouettée ou des blancs montés peuvent être montées au batteur ou mieux encore à l'aérobatteur ou à la turbine à glace. Cependant, l'aérobatteur et la turbine à glace peuvent poser des problèmes du fait de leur température basse et de la présence de gélatine. L'aérobatteur fonctionne comme un siphon géant. Il serait éventuellement possible d'utiliser une machine à chantilly. Aujourd'hui, la pâtisserie manque d'instruments adaptés.

La Pâtisserie du XXIe siècle : les nouvelles bases

Construction — Les crèmes et mousses

Méthode Classique

Les mousses sont obtenues par l'ajout de blancs montés ou de crème fouettée à une préparation de base qui –le plus souvent– est un appareil crémeux (pâtissière, pâte à bombe, crème anglaise…)

Méthode par ajout de crème 35% non montée.

On réalise une crème anglaise gélatinée (blanchir le sucre et les jaunes d'oeufs, ajouter le lait et porter à 85° C et ajouter la gélatine) à laquelle on ajoute un émulsifiant (facultatif), l'ester de sucre ou les mono et di-glycérides, selon les indications du fournisseur. Une fois la crème refroidie, on ajoute la crème à 35 % liquide et l'ensemble est monté en mousse

Le résultat est surprenant. La bavaroise est aussi légère que la méthode classique avec une texture très agréable.

Méthode sans ajout de crème 35% (la teneur en matière grasse pourrait avoisiner les 15%)

La recette est réalisée selon les principes décrits dans le chapitre sur la structure des crèmes et des mousses. Le mélange est pasteurisé à 85°C avec la gélatine et l'émulsifiant (facultatif). Le mélange est refroidi puis, il est monté en mousse.

Méthode à cru. (la teneur en matière grasse pourrait avoisiner les 15%)

L'ensemble des éléments est mis dans la cuve du batteur mélangeur ou de l'aérobatteur. Pour ce faire, il est nécessaire de choisir des jaunes d'oeufs pasteurisés. Il faut faire fondre la gélatine dans un liquide dont la température est de 85 °C pour assurer la pasteurisation. L'émulsifiant sera préparé selon les indications du fournisseur. Dans le cas de l'ester du sucre, il est mélangé à une préparation d'eau et de sucre. L'ensemble est porté à ébullition. Puis l'ensemble des ingrédients est monté au batteur. Cette fois, la préparation a plus de volume et elle est plus légère encore que la méthode par ajout de crème 35% ou la méthode classique.

À noter : le lait et la crème perdent en partie leur capacité moussante lorsqu'ils sont chauffés.

Les méthodes qui ne requièrent pas de blancs montés ou de crème fouettée offrent des textures légères et différentes de celles auxquelles les pâtissiers sont habitués à utiliser. Elles permettent de nouvelles possibilités à condition de respecter l'équilibre entre matière grasse, eau et extrait sec et –au besoin– d'ajouter l'émulsifiant adéquat pour permettre à l'eau et à la matière grasse de bien s'émulsionner et de monter en mousse. La quantité d'émulsifiant optimale est comprise entre 0.1 % et 0.5 %. Il est possible dans certains cas – pour donner plus de cohésion et de stabilité à la mousse d'ajouter un stabilisateur. Pour plusieurs raisons,

Construction — Les crèmes et mousses

que j'énumère, dans le chapitre des additifs, je préfère utiliser – comme émulsifiant– l'ester de sucre disponible pour les pâtissiers sous le nom de Sucro de la marque El Bulli Texturas.

Pour clore ce chapitre, étudions trois mousses celle à la vanille, celle au chocolat et celle au praliné. Elles seront la synthèse de ce qui a été écrit jusqu'à présent.

Crèmes et Mousses au chocolat

Les crèmes

Afin de mieux étudier les crèmes et les mousses au chocolat, j'ai préparé plusieurs tableaux de ganaches et de mousses de grands pâtissiers français, auxquels j'ai ajouté les crèmes et les mousses que j'ai confectionnées. Ces tableaux ont été réalisés pour mettre en évidence les règles définies dans les précédents chapitres.

Il a avait était écrit que le cacao sec peut supporter jusqu'à 3 fois son poids en eau, 2.8 idéalement. Qu'il faut environ 11% à 13% de cacao sec pour que la mousse soit de bonne

Ganache Pierre Hermé	Ganache Valrhona	Ganache Cacao Barry	Ganache Berry A	Ganache Berry B	Ganache Berry B1	Ganache Berry C	Ganache Jacques Belanger
185g lait 100g de Ganaja 165g de Caraïbes 85g de beurre	600 g crème 100 g sucre inverti 500 g Caraïbes	560 g crème 140 g sucre inverti 80 g glucose 820 g Force Noire	500 g crème 400 g Caraïbes	500 g lait 600 g Caraïbes	500 g Lait 680 g Caraïbes	250 g crème 250 g lait 400 g Caraïbes	300 g crème 200 g lait 400 g Fleur de caco
Lait 3.5 %	Crème 35 %	Crème 35 %	Crème 35 %	Lait 3.5 %	Lait 3.5 %	Crème 35 % Lait 3.5 %	Crème 35% Lait 3.5%
Cacao 70% Sucre 29% MG 42 %	Cacao 66 % Sucre 33 % MG 40 %	Cacao 50 % Sucre 49 % MG 27.7 %	Cacao 66 % Sucre 33 % MG 40 %	Cacao 66 % Sucre 33 % MG 40 %	Cacao 66 % Sucre 33 % MG 40 %	Cacao 66 % Sucre 33 % MG 40 %	Cacao 70 % Sucre 29 % MG 41.8 %

texture et 18% à 20% pour la ganache.

Ces ganaches ont été analysées dans le tableau suivant afin de mieux déceler les

Construction — Les crèmes et mousses

particularités de chacune d'elle.

Ganache	Eau / Cacao Sec	Eau / Beurre de cacao	Beurre de cacao	Cacao Sec	Extrait Sec Total	Mg Totale	Eau Totale
Ganache Pierre Hermé sans le beurre	2.29	1.5	24 %	16 %	65 %	25 %	35 %
Ganache Valrhona sans sucre	2.7	1.77	18 %	12 %	68 %	37 %	32 %
Ganache Cacao Barry sans les sucres	1.8	1.45	16%	13 %	76 %	31 %	24 %
Ganache Berry A	2.8	1.8	18 %	11.6 %	67.2 %	37 %	32.8 %
Ganache Berry B	2.8	1.8	22 %	14 %	60 %	23 %	40 %
Ganache Berry B1	2.5	1.6	23 %	15 %	63 %	25 %	37 %
Ganache Berry C	2.8	1.8	18 %	13 %	63 %	30 %	37 %
Ganache Jacques Bélanger MOF sans glucose	3.1	2.1	18.5 %	12.4%	60%	31%	40%

Construction — Les crèmes et mousses

On constate que plus la quantité d'eau est élevée plus la ganache est molle. D'autre part, la ganache B, B1 et celle de Jacques Bélanger, malgré un taux élevé de beurre de cacao, restent des ganaches moelleuses avec un bon pourcentage de cacao sec. En effet, la quantité d'eau absorbée par le cacao sec est à sa quantité optimale ce qui influence positivement le moelleux. De même, le rapport eau beurre de cacao est suffisant pour favoriser une meilleure distribution de la matière grasse et éviter à la ganache d'être trop dure. Enfin, plus la quantité de matière grasse laitière est importante plus la ganache est dure mais tout en restant fondante. La ganache de Pierre Hermé montre bien que le fait que le cacao sec et le beurre de cacao n'ont pas pu se disperser dans suffisamment d'eau va donner une ganache plus dure. Pierre Hermé, ajoute le beurre pour amener du fondant.

Ceci démontre combien chaque facteur cité plus haut est important dans l'équilibre d'une ganache mais aussi d'une crème.

On constate que la ganache C est la plus équilibrée ou si l'on préfère offre le meilleur compromis même au niveau du coût puisque la quantité de chocolat est moindre que dans la ganache B et B1. La ganache est suffisamment chocolatée, mais plus riche en Mg totale que les ganaches B.

L'ajout de poudre de lait conduirait à apporter plus de fondant et abaisser le taux de matière grasse mais aussi la quantité de cacao sec, tout en conservant une ganache savoureuse.

Ganache C + 30 g de poudre de lait pour un total de ESDL de 7%

Les valeurs à tenir compte pour bien équilibrer une ganache à pâtisserie

Eau / Cacao Sec 2.8 - 3

Eau / Beurre de Cacao 1.8 - 2

Eau Totale : Max 40% - Min 35%

Matière Grasse Totale : Max 30%

Pour plus de crèmeux: ESDL Total min 7%

Beurre de cacao : 18% - 21%

Les valeurs à tenir compte pour une crème

Pour les crèmes c'est le rapport Eau / Cacao Sec qui va augmenter jusqu'à un maximum de 5 fois, de préférence 3.5 - 4 en fonction de la texture recherchée. La présence de poudre de lait peut modifier légèrement ces valeurs. Cette augmentation du facteur Eau / Cacao sec va entraîner une baisse de la matière grasse totale.

La Pâtisserie du XXIe siècle : les nouvelles bases

Construction — Les crèmes et mousses

Conclusion

Si le pourcentage de beurre de cacao du produit total est une valeur significative pour la dureté de la crème ou de la ganache, il n'est pas, pour autant, le facteur déterminant comme l'ont montré les analyses des ganaches puisque les ganaches B1 et B malgré un taux de beurre de cacao élevé étaient des ganaches moins dures que des ganaches avec des taux de beurre de cacao plus bas D'autre part, ce qui est souvent négligé dans le chocolat se sont les fibres, qui font que le mélange avec l'eau de la crème peut être corsé si les fibres n'ont pas été assez hydratées. C'est le même phénomène que l'on retrouve avec les pains de blé entiers. Le taux d'hydratation est supérieur à celui d'un pain fait avec une farine courante. Ce que l'on sait moins, c'est que les fibres s'imprégnent de la matière grasse.

Quelle est la grande différence entre le chocolat noir et le chocolat au lait ?

C'est la présence de la poudre de lait dont la vertu est de rendre les crèmes et les mousses plus fondantes et de ce fait plus molle.

Crème et mousse au chocolat au lait.

Le chocolat au lait contient une faible quantité de cacao sec et une quantité plus importante de poudre de lait.

Le problème avec le chocolat au lait c'est que les fournisseurs de chocolat sont souvent avares en information. De ce fait, les indications sur la teneur réelle des produits sont approximatives. Prenons un exemple, le chocolat au lait Jivara de Valrhona dont j'ai pu obtenir les informations techniques.

27 % de beurre de cacao 23.5% de lait en poudre 23% de saccharose 10% de sucre roux 14% de cacao sec vanille, lecithine, extrait de malt 2.5%

Si l'on reprend la recette de la ganache C contenant 250g de crème et 250g de lait combien doit on ajouter de chocolat ?

En tenant compte du rapport eau/cacao sec, 937.5g de Jivara

En tenant compte du rapport eau/beurre de cacao, 756g de Jivara

Force est de constater que si la ganache est réalisée en maintenant le rapport eau/cacao sec à 2.8, la ganache à 937.5 de Jivara sera solide.

Si l'on compare la ganache à 756g de Jivara à une ganache réalisée avec un chocolat noir comme les ganaches précédentes, les résultats sont assez semblables, excepté que l'extrait sec total et que la matière grasse sont importants, ce qui conduit à une ganache qui devrait

Construction — Les crèmes et mousses

être dure. Cependant, en présence de la poudre de lait la ganache sera plus souple. En calculant l'ESDL de notre ganache on s'aperçoit qu'il est environ de 8%. Une fois encore les pièces du puzzle se mettent en place.

875g de Jivara pourait être un bon compromis.

Ganache	Eau / Cacao Sec	Eau / Beurre de cacao	Beurre de cacao	Cacao Sec	Extrait Sec Total	Mg Totale	Eau Totale
Ganache Berry C	3.5	1.8	16 %	8.4 %	70 %	32 %	30 %
Ganache Berry C	2.8	1.4	17.6 %	9 %	85 %	33 %	25 %
Ganache Berry C	3	1.5	17%	9%	73%	33%	27%

Ce que l'on constate, une fois encore, ce sont les fibres du cacao sec qui tiennent davantage l'édifice que le beurre de cacao. Cela est confirmé lorsqu'on souhaite réaliser une ganache au chocolat blanc. Si l'on tient compte du rapport de 1.8 eau/beurre de cacao, on s'appercoit que la ganache n'est pas solide. La quantité de 583g de chocolat blanc est insuffisante. La ganache au chocolat blanc est liquide. Ce qui démontre que c'est bien les fibres et, en partie, les protéines du cacao sec qui maintiennent l'édifice de la ganache.

Le travail sur les ganaches complété, il est plus facile d'établir des règles pour les mousses, puisque les mousses sont d'une certaine manière des ganaches plus fluides.

Les mousses

Les mousses au chocolat ont pour base, le plus souvent, une ganache qui va être allégée par l'apport de crème fouettée. La ganache peut être constituée de crème, de crème anglaise, ou d'un appareil à bombe. La crème fouettée apporte de l'eau et de la matière grasse. L'eau permet de fluidifier la ganache et la matière grasse de renforcer la structure et la texture. Cependant, il est tout à fait possible de réaliser une mousse au chocolat sans crème avec un apport de lait et de monter au fouet l'ensemble comme dans le cas du chocolat chantilly. Mieux encore de partir d'une ganache à l'eau ou à la pulpe de fruit et l'allonger avec de l'eau ou un sirop, puis de monter l'ensemble en mousse.

La mousse est, en résumé, une crème dont les ingrédients sont dispersés dans davantage d'eau avant d'être foisonnés pour générer du volume et de la légèreté. De ce fait, toutes les règles décrites précédemment, que cela soit pour la ganache ou la ganache à l'eau ou pour les crèmes, s'appliquent à la mousse au chocolat.

Comme pour la ganache, mon analyse a été faite en prenant pour référence différentes

La Pâtisserie du XXIe siècle : les nouvelles bases

Construction — Les crèmes et mousses

Mousse Pâte à Bombe Pierre Hermé	Mousse Crème Anglaise Valrhona	Mousse crème anglaise. Michalak/ Rigollot/ Deville	Mousse Ganache Berry	Mousse Ganache Jacques Bélanger	Mousse Ganache Valrhona	Mousse Ganache 2 Jacques Bélanger
185g Sucre 40g d'eau 90g d'oeufs 105g jaunes 325g Guanaja 450g crème	600g crème anglaise de base 100g de sucre inverti 500g Caraïbe	385g lait 80g jaune 20g glucose 20g trimoline 500g Guanaja 600g de crème	390g de lait 80g de jaunes 50g de sucre 550g de chocolat Taïnori 550g de crème	200g lait 450g Favorites mi-amère 600g crème	700g crème 560g crème 800 g Caraïbe	140g lait 380g Ultime 420g crème
Crème 3.5%	Crème 35 %	Crème 35 %	Crème 35 %	Lait 3.5 % crème 35%	Lait 3.5 %	Crème 35 % Lait 3.5 %
Cacao 70% Sucre 29% MG 42 %	Cacao 66 % Sucre 33 % MG 40 %	Cacao 70 % Sucre 41.8 % MG 28.2 %	Cacao 64 % Sucre 35 % MG 39390 %	Cacao 58 % Sucre 41 % MG 38.2 %	Cacao 66 % Sucre 33 % MG 40 %	Cacao 70 % Sucre 29 % MG 41.4 %

mousses au chocolat. Dans le tableau de la page suivante ces mousses ont été analysées. Tout comme pour la ganache les mousses qui offrent le meilleur fondant ont une quantité de matière grasse qui ne dépasse pas 30% et une quantité d'eau au-delà de 40%. De ce fait, même pour une mousse contenant 13% de beurre de cacao comme celle de Michalak/Rigollot/Deville ou comme celle que j'ai réalisée, le fait d'avoir moins de matière grasse totale et suffisamment d'eau pour que les ingrédients puissent se disperser, permet permet d'avoir une mousse fondante. Il aurait été possible d'ajouter de la poudre de lait pour apporter plus de rondeur et de souplesse. Il existe une exception, la recette de Pierre Hermé où malgré une faible quantité d'eau la présence importante de jaunes d'oeufs apportent le fondant nécessaire.

Les valeurs à tenir compte pour bien équilibrer une mousse au chocolat

Eau / Cacao Sec 4.8 - 5

Eau / Beurre de Cacao 2.8 - 3.5

Eau Totale : Min 40% - Max 46%

Construction — Les crèmes et mousses

Mousse	Eau / Cacao	Eau / Beurre de cacao	Beurre de cacao	Cacao Sec	Extrait Sec Total	Mg Totale	Eau Totale
Mousse pâte à bombe	1.7 Base 4.6	1.17 Base 3.26	18.2% Base 11.4%	12.2% Base 7.6%	79% Base 65%	24% Base 28.3%	21% Base 35%
Mousse Crème Anglaise	2.17 Ganache 5.17	1.4 Ganache 3.35 Mousse	21% Ganache 12.5%	13.8% Ganache 8% Mousse	70% Ganache 58%	30% Ganache 32%	30% Ganache 42%
Mousse Crème Anglaise Michalak/Rig	2.7 Ganache 5 Mousse	1.8 Ganache 3.5 Mousse	21% Ganache 13.3% Mousse	14 % Ganache 9% Mousse	60% Ganache 53% Mousse	25% Ganache 29% Mousse	40% Ganache 47 % Mousse
Mousse Crème Anglaise	2.8 Ganache 5 Mousse	1.8 Ganache 3.3	20% Ganache 13%	13% Ganache 8.4%	64% Ganache 56%	23% Ganache 27%	36% Ganache 44%
Mousse Ganache Jacques	1.5 Ganache 4.5 Mousse	1 Ganache 3	26.4% Ganache 13.7%	17% Ganache 9.3%	73% Ganache 58%	27.5% Ganache 31%	27% Ganache 42%
Mousse Ganache Valrhona	2.1 Ganache 3.8 Mousse	1.4 Ganache 2.5 Mousse	20% Ganache 15%	13.2% Ganache 10%	71% Ganache 62%	37% Ganache 36%	29% Ganache 38%
Mousse Ganache 2 Jacques Bélanger	1.13 Ganache 3.4	0.78 Ganache 2.3	30% Ganache 16%	21% Ganache 11.5%	76% Ganache 60%	32% Ganache 33%	24% Ganache 40%

Matière Grasse Totale : Max 30%

Pour plus de crémeux: ESDL Total min 7%

Beurre de Cacao : Max 13% (possibilité d'aller au-delà à condition de respecter toutes les valeurs mentionnées ci-dessus)

Réalisons à présent une mousse au chocolat.

La Pâtisserie du XXIe siècle : les nouvelles bases

Construction — Les crèmes et mousses

Du fait de la complexité des calculs, la façon la plus facile de procéder est de construire une ganache à base de crème anglaise, pâte à bombe, lait, crème, pulpe de fruit et de déterminer ensuite la quantité d'appareil moussant.

Le chocolat utilisé est le Caraïbes de Valrhona à 40% beurre de cacao, 33% sucre, 26% de cacao sec

Crème anglaise de base avec environ 80% de lait 20% de crème sur un poids de 500g avec 2% de jaunes d'oeufs. Le sucre sera déterminé par la suite.

Crème anglaise : 400g de lait 100g de crème 100g de jaunes

Régle N°1 Ganache Eau / Cacao Sec 2.8 - 3

Quantité d'eau du lait 88% Quantité d'eau de la crème 59% Quantité d'eau des jaunes 50%

$Eau_{CrèmeAnglaise}$ = 400*88% + 100*59% + 100*50%

$Eau_{CrèmeAnglaise}$ = 461g

Facteur Eau / Cacao sec 2.8

Facteur Cacao Sec = $Eau_{CrèmeAnglaise}$ / Cacao Sec

Cacao sec = $Eau_{CrèmeAnglaise}$ / Facteur Cacao Sec

Cacao sec = 461 / 2.8

Cacao sec = 165

Cacao Sec = Chocolat * Pourcentage de Cacao Sec

Chocolat = Cacao sec / Pourcentage de Cacao Sec

Chocolat = 165 / (25 /100)

Chocolat = 660 g

Régle N°2 Ganache Eau / Beurre de Cacao 1.8 - 2

Beurre de Cacao = Chocolat * Pourcentage de Beurre de Cacao

Beurre de Cacao = 660 * (40/100)

Beurre de Cacao = 264 g

Facteur Beurre de cacao = $Eau_{CrèmeAnglaise}$ / Beurre de Cacao

La Pâtisserie du XXIe siècle : les nouvelles bases

Construction — Les crèmes et mousses

Facteur Beurre de cacao = 461 / 264

Facteur Beurre de cacao = 1.75

Soit on augmente le facteur Cacao sec soit on réajustera au moment de l'ajout de l'appareil moussant pour rétablir l'équilibre selon les régles des mousses. On opte pour la seconde solution

$Ganache_{PoidsTotal}$ = Lait + Crème + Oeuf + Chocolat

$Ganache_{PoidsTotal}$ = 400 + 100 + 100 + 660

$Ganache_{PoidsTotal}$ = 1260

Régle N°1 Mousse Eau / Cacao Sec 4.8 - 5

Eau_{Mousse} = Cacao Sec * 5

Eau_{Mousse} = 165 * 5

Eau_{Mousse} = 825

Régle N°2 Moussse Eau / Beurre de Cacao 2.8 - 3.5

Facteur Beurre de cacao = Eau_{Mousse} / Beurre de Cacao

Facteur Beurre de cacao = 825 / 264

Facteur Beurre de cacao = 3

Eau / Beurre de cacao = 3 OK Il serait possible d'augmenter le coefficient ou l'abaissant en jouant sur la quantité d'eau total de la mousse.

Déterminons la quantité d'appareil moussant, soit de la crème 35%, à partir de sa quantité d'eau.

$Eau_{Appareil\ Moussant}$ = Eau_{Mousse} - $Eau_{CrèmeAnglaise}$

$Eau_{Appareil\ Moussant}$ = 825 - 461

$Eau_{Appareil\ Moussant}$ = 364

$Eau_{Appareil\ Moussant}$ = $Crème35_{Appareil\ Moussant}$ * 59/100

$Crème35_{Appareil\ Moussant}$ = $Eau_{Appareil\ Moussant}$ / (59/100)

$Crème35_{Appareil\ Moussant}$ = 616 g

La Pâtisserie du XXIe siècle : les nouvelles bases

Construction — Les crèmes et mousses

Vérification du rapport Appareil crèmeux / Appareil moussant

Mousse = Appareil Crèmeux + Appareil Moussant

Mousse = 616 + 1260

Mousse = 1876

% Appareil Moussant = Appareil Moussant / Mousse

% Appareil Moussant = 616 /1876

% Appareil Moussant = 32% OK !

Calculons le sucre

Sucre= (Saccharose + SucreChoco)

Sucre= (Total Mousse + Saccharose) * 15%

Saccharose + SucreChoco = Total Mousse *15/100 + Saccharose * 15/100

Saccharose + 218 = 281.4 + 0.15*Saccharose

Saccahrose - 0.15*Saccharose= 281.4 -218

0.85 Saccharose = 63.4

Saccharose = 75g

Mousse = 1876 + 76

Mousse = 1952

Si l'on souhaite ajuster l'ESDL

ESDL = ESDL Crème + ESDL Lait + ESDL Poudre_de_lait

ESDL= (Total + ESDL Poudre_de_lait) *7%

ESDL Crème + ESDL Lait + ESDL Poudre_de_lait = Total*7/100 + ESDL Poudre_de_lait *7/100

ESDL du lait 8% ESDL de la crème 6%

400*0.08 + (100 + 616)*0.06 + ESDL Poudre_de_lait =1952*0.07 + 0.07*ESDL Poudre_de_lait

ESDL Poudre_de_lait-0.07*ESDL Poudre_de_lait=136.64 -74.96

Construction — Les crèmes et mousses

0.93ESDL Poudre_de_lait=61.68

ESDL Poudre_de_lait=66 g

Vérifions la quantité de matière grasse total.

Mousse = 1952 g + 66g

Mousse = 2018 g

Quantité de matière grasse du lait 3.5 % Quantité de matière grasse de la crème 35%

% Matière grasse total = (Beurre de cacao + Mg Crémeux + Mg Moussant) / Mousse

% Matière grasse total = (264 + 81 + 215.6) /2018

% Matière grasse total = 27% Ok

Vérifions la quantité d'eau total.

% Eau total = Eau$_{Appareil\ Moussant}$ /2018

% Eau total = 825 /2018

% Eau total = 40 % Ok

Vérifions la quantité de matière sèche total.

% Matière sèche= 100 - % Eau total

% Matière sèche = 60 % Ok

Vérifions le pourcentage de Beurre de Cacao sur le total.

% Beurre de Cacao= Beurre de Cacao / Mousse

% Beurre de Cacao = 13 % Ok

La recette de la mousse au chocolat Caraïbes :

400g de lait 100g de crème 100g de jaunes 66g de poudre de lait 75g de sucre 660g de chocolat Caraïbes 616g de crème 35%

Quelles corrections pourrions nous apporter

Construction — Les crèmes et mousses

La quantité d'eau total peut paraître insuffisante mais la poudre de la lait apporte du fondant d'autant plus que la quantité de matière grasse totale n'est pas trop élevée. Nous pourrions diminuer la quantité de chocolat ou encore diminuer l'appareil moussant à son minimum 30% et avoir une ganache au lait sans crème. Les combinaisons sont nombreuses à vous de les essayer en les réalisant avec et sans poudre de lait afin de faire des comparaisons. Ainsi vous pourriez ajuster au plus près votre mousse au chocolat.

Mousse à la Vanille

La réalisation de la mousse à la vanille se fera dans un rapport de **60% d'appareil crémeux** et de **40 % d'appareil moussant**. Précedemment, il a été dit qu'une mousse doit avoir 21% de matière grasse – c'est la valeur clef de notre calcul – et 15 % de sucre et 7% EDSDL. Ces valeurs seront les valeurs de référence pour le calcul de la mousse à la vanille.

L'appareil moussant sera de la crème fouettée à 35%

L'appareil crémeux sera bassée sur une crème anglaise

Quantité de matière gasse de l'appareil mousseux

$MG_{mousseux} = MG_{mousseux} * MG_{crème}$

$MG_{mousseux} = 400 * 35 / 100$

$MG_{mousseux} = 140\ g$

Quantité de matière grasse de l'appareil crémeux

$MG_{crémeux} = MG_{totale} - MG_{moussant}$

$MG_{crémeuex} = 210 - 140$

$MG_{crèmeux} = 70\ g$

Pour établir la quantité de gélatine, j'ai mis au point un mode de calcul qui s'applique parfaitement bien à toutes les mousses et qui permet d'avoir la dose exacte de gélatine pour une texture optimum. Le principe veut qu'il faut calculer de façon distincte la quantité d'eau dans la crème qui sera montée et la quantité d'eau du lait, de la crème ou de la pulpe de fruit qui servira de base à l'appareil crémeux. La quantité d'eau dans la crème montée sera multipliée par 1 % et la quantité d'eau dans l'appareil crémeux sera multipliée par 2 à 2.5 %. J'effectue le plus souvent mes calculs sur 2.5 %.

À noter: le degré Bloom pourra avoir une légère incidence sur le calcul d'ou la marge de 2% à 2.5%.

L'addition des deux montants vous donnera la quantité de gélatine optimum entre tenue et texture.

Exemple de Calcul : QuantitéEauAppareilMoussant * 1 % + QuantitéEauAppareilCrèmeux *

Construction — Les crèmes et mousses

2.5%

Important : la dose de gélatine sera recalculée à la toute fin de la recette, car il est nécessaire d'avoir toutes les valeurs pour effectuer ce calcul. De ce fait, pour ne pas fausser les calculs, la valeur par défaut de la gélatine sera basée sur la convention énoncée précédemment soit 2.5g par 100g de crème fouettée.

Poidsgélatine = Poidsmousseux / 100 * 2.5

Poidsgélatine = 400 /100 * 2.5

Poidsgélatine = 10 g

Déterminons à présent la quantité restante de notre appareil crémeux afin d'en déduire de quoi sera composée notre crème anglaise .

Restecrémeux = Poidscrémeux - Sucre - Gélatine

Restecrémeux = 600 -150 - 10

Restecrémeux = 440g

Il reste 440g d'appreil crémeux pour créer une crème anglaise à 70g matière grasse comme il a été calculé précedemment.

L'anglaise sera composée de deux jaunes d'oeufs ce qui fait 5 jaunes au litre ce qui paraît une bonne moyenne. Il ne faut pas oublier que notre crème anglaise ne doit pas être trop grasse 70g de matière grasse pour 400g de crème représente un crème anglaise à 17% de matière grasse .

1 jaune d'oeuf ≈20g

2 jaunes d'oeufs≈40g

1 jaune d'oeuf est composé de 32 % de matière grasse et de 50 % d'eau

MGoeuf = Poidsoeuf * 32 / 100

MGoeuf = 40 * 0.32

MGoeuf = 12.8 g

Construction — Les crèmes et mousses

Quantité de crémeux restant.

Restecrémeux = 440g

Restecrémeux = Restecrèmeux - Poidsoeuf

Restecrémeux = 440g – 40g

Restecrémeux = 400 g

Il reste donc 400 g qu'il va falloir répartir entre la crème et le lait. Pour faire cette répartition, il faut connaître combien de matière grasse, il nous reste

MGcrémeux = 70 g

MGcrémeuxrestant = MGcrèmeux – MGoeuf

MGcrémeuxrestant = 70g – 12.8

MGcrémeuxrestant = 57g

La crème va être de 1/3 la quantité de crémeux restant et le lait de 2/3

PoidsLait = 400 *2 /3   PoidsCrème = 400 * 1/3

PoidsLait = 400 *2 /3   PoidsCrème = 400 * 1/3

PoidsLait ≈ 265 g   PoidsCrème = 135 g

Le lait contient 3.5% de matière grasse et la crème 35% de matièrge

Quantité de matière gasse du lait

MGlait = Poidslait * 3.5 %

MGlait = 265 * 0.035

MGlait = 9 g

Quantité de matière grasse de la crème

MGcrème = Poidscrème * 35 %

MGcrème = 135 * 0.35

MGcrème = 47 g

Construction — Les crèmes et mousses

Mousse à la Vanille

Appareil Moussant : 400 g de crème fouettée,

Appareil Crémeux : 265 g de lait, 135g de crème, 40g de jaunes d'oeufs, 150g de sucre, 10g de gélatine, la vanille.

Calculons la quantité de gélatine optimum

La formule : QuantitéEauAppareilMoussant * 1 % + QuantitéEauAppareilCrémeux * 2.5%

La crème contient 59 % d'eau, le lait contient 88 % d'eau et les jaunes d'oeufs 50 % d'eau

QuantitéEauAppareilMoussant= 400 * 59 / 100

QuantitéEauAppareilMoussant= 236 g

QuantitéEauAppareilCrèmeux = 265 * 88 /100 + 40 * 50 % + 135 * 59 /100

QuantitéEauAppareilCrèmeux = 233 + 20 + 80

QuantitéEauAppareilCrèmeux = 333 g

QuantitéGélatine =QuantitéEauAppareilMoussant * 1 % + QuantitéEauAppareilCrèmeux * 2.5%

QuantitéGélatine = 236 * 1 / 100 + 333 * 2.5 / 100

QuantitéGélatine = 10g

La quantité de gélatine reste donc la même. Cependant dans certains cas vous constaterez des dfiérences comme nous le verrons pour le cas du praliné.

À présent que la mousse a été définie calculons l'ESDL

ESDL = ESDL Crème + ESDL Lait + ESDL Poudre_de_lait

ESDL= (Total + ESDL Poudre_de_lait) *7%

ESDL Crème + ESDL Lait + ESDL Poudre_de_lait = Total*7/100 + ESDL Poudre_de_lait *7/100

ESDL du lait 8% ESDL de la crème 6%

265*0.08 + (400 + 135)*0.06 + ESDL Poudre_de_lait =1000*0.07 + 0.07*ESDL Poudre_de_lait

ESDL Poudre_de_lait-0.07*ESDL Poudre_de_lait=70-53

Construction — Les crèmes et mousses

0.93ESDL Poudre_de_lait=17

ESDL Poudre_de_lait=18g

Mousse à la Vanille

265 g de lait, 135g de crème, 40g de jaunes d'oeufs, 150g de sucre, 18g de poudre de lait 10g de gélatine, vanille, 400g de crème mousseuse.

Réaliser un crème anglaise, ajouter la gélatine préalablement trempée dans l'eau froide. Refroidir la crème rapidement pour qu'elle atteigne 35° C. Ajouter délicatement la crème mousseuse.

Mousse au Praliné

Pour la mousse au praliné, il est nécessaire d'établir des règles comme je l'ai fait pour le chocolat. A l'heure actuelle de mes recherches, la quantité d'amandes ou de noisettes ou la combinaison des deux doit se situer entre 10% et 15% maximum de la préparation totale. L'idéal pour un bon équilibre est de 12 %.

Quant à la quantité de matière grasse de la mousse, elle ne devrait pas dépasser les 24% voire 25% au grand maximum.

Composition du praliné de manière générale.

50 % à 60 % d'amandes ou de noisettes ou une composition des deux

50 % à 40 % de sucre

La réalisation de la mousse au praliné se fera dans un rapport de **60 % d'appareil crémeux et de 40 % d'appareil moussant**.

L'appareil moussant sera de la crème fouettée à 35%

L'appareil crémeux sera basé sur une crème anglaise

Le praliné utilisé aura 60 % d'amandes et 31 % de matière grasse.

Construction — Les crèmes et mousses

Quantité de praliné nécessaire pour la recette

Il faut 12% d'amdes dans notre recette selon les paramètres établis précédemment.

Quantité d'amandes nécessaires pour la recette

Poidsamandes= 12% * Poidstotalrecette

Poidsamandes= 12/100 * 1000 g

Poidsamandes= 120 g

Quantité de praliné nécessaire pour recette

PoidsPraliné * 60 % = Poidsamandes

PoidsPraliné * 60 /100 = 120

PoidsPraliné = 120 / 0.6

PoidsPraliné = 200 g

Quantité de matière qu'apportera le praliné à notre recette

l'appareil mousseux

MGpraliné = Poidspraliné * 31%

MGpraliné = 200 * 31 / 100

MGpraliné = 62 g

La quantité de matière grasse totale de la mousse sera 24 % comme énoncé précédemment

l'appareil mousseux

MGmousseux = MGmousseux * MGcrème

MGmousseux = 400 * 35 / 100

MGmousseux = 140 g

l'appareil crémeux

MGcrémeux = MGtotale - MGmoussant

MGcrémeuex = 240 - 140

MGcrémeux = 100 g

Calcul de la gélatine

Poidsgélatine = Poidsmousseux / 100 * 2.5

Poidsgélatine = 400 /100 * 2.5

Poidsgélatine = 10 g

La quantité de sucre qui a été fixé antérieurement doit-être de 15%. La quantité de sucre du praliné est de 40 %

Sucre = Sucrepraliné – 15% * 1000g

La Pâtisserie du XXIe siècle : les nouvelles bases

Construction — Les crèmes et mousses

Sucre = PralinéRecette * 40% – 15% * 1000g

Sucre = 200 * 40 / 100 – 150g

Sucre = 70 g

Déterminons à présent la quantité restante de notre appareil crémeux afin d'en déduire de quoi sera composée notre crème anglaise .

Restecrémeux = Poidscrémeux – Sucre – Gélatine – Praliné

Restecrémeux = 600 – 70 – 10 – 200

Restecrémeux = 320 g

RestecrémeuxMG =   MGcrémeux – MGpraliné

RestecrémeuxMG =   100 – 62

RestecrémeuxMG = 38 g

Il reste 320 g d'appreil crémeux pour créer une crème anglaise à 38 g matière grasse comme il a été calculé précedemment.

L'anglaise sera composée de 2 jaunes d'oeufs

1 jaune d'oeuf ≈20g

2 jaunes d'oeufs ≈40g

1 jaune d'oeuf est composé de 32 % de matière grasse et de 50 % d'eau

MGoeuf = Poidsoeuf * 32 / 100

MGoeuf = 40 * 0.32

MGoeuf = 12.8 g

Quantité de crémeux restant.

Restecrémeux = 320 g

Restecrémeux = Restecrémeux - Poidsoeuf

Restecrémeux = 320g – 40g

Restecrémeux = 280 g

Construction — Les crèmes et mousses

Il reste donc 280 g qu'il va falloir répartir entre la crème et le lait. Pour faire cette répartition, il faut connaître combien il reste de matière grasse

$MG_{crémeux}$ = 38 g

$MG_{crémeuxrestant}$ = $MG_{crèmeux}$ − MG_{oeuf}

$MG_{crémeuxrestant}$ = 38 − 12.8

$MG_{crémeuxrestant}$ = 25g

La crème va être de 1/3 la quantité de crémeux restant et le lait de 2/3

$Poids_{Lait}$ = 280 *2 /3 $Poids_{Crème}$ = 280 * 1/3

$Poids_{Lait}$ ≈ 187 g $Poids_{Crème}$ = 94 g

le lait contient 3.5% de matière grasse et la crème 35 % de matière grasse.

Quantité de matière gasse du lait   Quantité de matière grasse de la crème

MG_{lait} = $Poids_{lait}$ * 3.5 % $MG_{crème}$ = $Poids_{crème}$ * 35 %

MG_{lait} = 187 * 0.035 $MG_{crème}$ = 95 * 0.35

MG_{lait} = 7 g $MG_{crème}$= 33 g

La crème fait augmenter légèrement la quantité de matière de grasse. Elle pourrait être entièrement remplacée par le lait.

Comme je l'ai expliquée lors de la mousse à la vanille. Il est nécessaire de réajuster la quantité de gélatine.

La formule : $QuantitéEauAppareilMoussant$ * 1 % + $QuantitéEauAppareilCrémeux$ * 2.5%

La crème contient 59 % d'eau, le lait contient 88 % d'eau et les jaunes d'oeufs 50 % d'eau

$QuantitéEauAppareilMoussant$= 400 * 59 / 100

$QuantitéEauAppareilMoussant$= 236 g

$QuantitéEauAppareilCrémeux$ = 187 * 88 /100 + 40 * 50 % + 95 * 59 /100

$QuantitéEauAppareilCrémeux$ = 164 + 20 + 56

$QuantitéEauAppareilCrémeux$ = 240 g

La Pâtisserie du XXIe siècle : les nouvelles bases

Construction — Les crèmes et mousses

QuantitéGélatine = QuantitéEauAppareilMoussant * 1 % + QuantitéEauAppareilCrèmeux * 2.5%

QuantitéGélatine = 236 * 1 / 100 + 240 * 2.5 / 100

QuantitéGélatine = 8 g

La quantité de gélatine sera donc réajusté à 8g pour une texture plus fondante.

À présent que la mousse a été définie calculons l'ESDL

ESDL = ESDL Crème + ESDL Lait + ESDL Poudre_de_lait

ESDL = (Total + ESDL Poudre_de_lait) *7%

ESDL Crème + ESDL Lait + ESDL Poudre_de_lait = Total*7/100 + ESDL Poudre_de_lait *7/100

ESDL du lait 8% ESDL de la crème 6%

187*0.08 + (400 + 95)*0.06 + ESDL Poudre_de_lait = 1000*0.07 + 0.07*ESDL Poudre_de_lait

ESDL Poudre_de_lait - 0.07*ESDL Poudre_de_lait = 70 - 44.66

0.93 ESDL Poudre_de_lait = 25.34

ESDL Poudre_de_lait = 27g

Mousse au praliné 25% MG

200 g de praliné à 60% d'amandes 31% MG , 187g de lait, 95 de crème 35%, 40g de jaune d'oeuf, 70 g de sucre, 8 g de gélatine, 400g de crème fouettée, 27g de poudre de lait

Bibliographie

Cette bibliographie ne représente qu'une partie des livres que j'ai pue consulter depuis ces quatres dernières années sans parler de tous les documents et magazines que j'ai lus

Livre en français

Le mémorial historique et géographique de la pâtisserie contenant 3000 recettes de pâtisserie, glaces et liqueurs orné de gravures dans le texte

La cuisine Classique Urbain Dubois Édition 1856 - Éditions 1868

Le grand livre des pâtissiers et des confiseurs   1883   Urbain Dubois

Le livre du pâtissier Jules Goffé 1873

Manuel du boulanger et de la pâtisserie-boulangère : boulangerie et pâtisserie françaises et étrangères Favrais, E. Tignol, 1909.

La cuisine et la pâtisserie françaises Guérot, Alfred   Flammarion, 1953.

Boulangerie d'aujourd'hui : recettes pratiques, conduite du travail, outillage et procédés les plus modernes de la boulangerie Urbain-Dubois, Félix. Éditions. Joinville, 1950.

Guide pratique de la pâtisserie et des glaces : 400 recettes. Gaudefroy, O. Flammarion, 1947.

Le pâtissier, confiseur et liquoriste contenant les meilleures recettes pour la confection sans four des entrées, hors-d'oeuvre... et la préparation économique des liqueurs, sirops...Petit, E. Garnier frères, 1947

Manuel de biscuiterie Baratte, J. Paris : Baillière et Fils, 1926.

Faites votre pâtisserie comme Lenôtre / par Gaston Lenôtre. Flammarion, 1975.

Traité de pâtisserie moderne : guide du pâtissier-traiteur renfermant les procédés les plus récents pour le travail de la pâtisserie fine et ordinaire, des petits fours, desserts, glaces, cuisine pour la ville et conserves / par Emile Darenne, Emile Duval ; mise à jour 1957 par Pierre Paillon, ent. rev. (1965) par M. Leduby, H. Raimbault. Flammarion, 1974.

Traité de pâtisserie artisanale Tom1 Roland Bilheux et Alain Escoffier Saint-Honoré 1984

Le compagnon pâtissier Tome 1 et Tome 2 D. Chaboissier 7e éditions Jérôme Villette 1983

La Pâtisserie du XXIe siècle : les nouvelles bases

Bibliographie

Le pâtissier chocolatier Daniel Giraud Editions S.E.G.G., 1986.

Le compagnon traieur Tome 1 et Tome 2 J.Charette G.Aubert Jériome Villette 1989

Pains spéciaux et décorés : [tome 2] : pains traditionnels et régionaux, pains spéciaux et fantaisie, viennoiserie, croissants, petites pièces, brioches, décor, pièces artistiques / par Alain Couet et Éric Kayser ; avec la collaboration de Bernard Ganachaud ... [et al.] ; sous la direction de Jean Chazalon et Pierre Michalet. Éditions St-Honoré, 1989.

Le livre de recettes d'un compagnon du Tour de France / Yves Thuriès.Société Éditar, 1980-2007

Le goût du pain : comment le préserver, comment le retrouver Raymond Calvel. Éditions J. Villette, 1990.

Apprenez l'art du chocolat / Pascal Brunstein, G.J. Bellouet. Editions Bellouet, 1992

Les secrets de la casserole Hervé This Belin 1993

La panification française Bernard Godon Roland Guinet Éditeur : Lavoisier 1994

Plaisir de petits fours Pascal Brunstein. Passion gourmande, 1995.

Les Pains et viennoiseries de l'École Lenôtre.Éditions J. Villette, 1995.

La pâtisserie de Pierre Hermé Pierre Hermé.Montagud Editores, 1998

Au coeur des saveurs Fréderic Bau Montagud Editores 1998

Pierre Hermé, pâtissier, secrets gourmands / texte, Marianne Comolli & Pierre Hermé ; Editions Noesis, 2000.

Le grain de blé : composition et utilisation Feillet, Pierre Institut national de la recherche agronomique, 2000.

Les pains français : évolution, qualité, production Philippe Roussel, Hubert Chiron ; avec la participation de Gérard Paillard pour les photographies. Maé-Erti éditeurs, 2002

Casseroles et éprouvettes Hervé This Belin 2002

La très belle et très exquise histoire des gâteaux et des friandises / Maguelonne Toussaint-Samat. Flammarion 2004.

Bibliographie

Apprenez l'art de la viennoiserie et festival de tartes / G.J. Bellouet, G. Paris, J.M. Perruchon. Editions Bellouet, 2001.

Apprenez l'art de la glace et des sorbets / E. Ryon, G.-J. Bellouet. ; J.-M. Perruchon. Éditions Bellouet, 2002.

Grand livre de cuisine d'Alain Ducasse. Desserts et pâtisserie / Alain Ducasse, Frédéric Robert. De Gustibus, 2002.

PH 10 pâtisserie Pierre Hermé A. Viénot Éditions, 2005

Diversions sucrées Yann Duytsche Montagud Editores, 2007.

Livre en anglais

Mastering the Art of French Pastry Bruce Healy and Paul Bugat Barrons Educational Series Inc 1984

Mastering the Art of French Pastry an illustrated course Bruce Healy and Paul Bugat Woodbury, 1984

Wheat chemistry and technology Bloksma, A.H, Bushuk W. Pomeranz, 1988

Yeast technology :Van Nostrand Reinhold 1991

Cereals in Breadmaking: A Molecular Colloidal Approach Ann-Charlotte Eliasson, Kåre Larsson Marcel Dekker, 1993

Technology of Cakemaking A.J. Bent, E.B. Bennion, G.S.T. Bamford Springer, 1997-07-31

Technology of Dairy Products Springer, Ralph Early 1997-07-31

Cresci, the art of leavened dough / Iginio Massari, Achille Zoia. Suisio, Italy : Pavoni Edizioni 2000

Technology of Biscuits, Crackers and Cookies Duncan Manley Woodhead Publishing, 2000-06-28

Baking problems solved Stanley P. Cauvain, Linda S. Young - Woodhead Publishing 2001

Bibliographie

Food Colloids: Fundamentals of Formulation Dickinson, Eric; Miller, Reinhard Royal Society of Chemistry Cambridge 2001

Handbook Dough Fermentations Karel Kulp, Klaus J. Lorenz CRC Press, 2003

Starch In Food: Structure, Function and Applications A C Eliasson CRC Press, 2004

Handbook of Food and Beverage Fermentation Technology Stig Friberg, Yiu H. Hui CRC Press, 2004-02-01

Bread Hamelman, Jeffrey. John Wiley Hoboken 2004.

Baked Products: Science, Technology And Practice Stanley P. Cauvain, Linda S. Young John Wiley & Sons, 2006-11-28

Technology of Breadmaking Stanley P. Cauvain, Linda S. Young Springer, 2007

The Science of Bakery Products W. P. Edwards Royal Society of Chemistry, 2007

Bakery Products:Science and Technology Y. H. Hui Wiley, 2008-02-15

Food Engineering Aspects of Baking Sweet Goods Servit Gulum Sumnu, Serpil Sahin CRC Press, 2008-03-12

Advanced bread and pastry : a professional approach Michel Suas Delmar Cengage Learning, 2009.

Baking science & technology 4th ed.Sosland Pub. c2008-c2009.

Principles of Cereal Science and Technology Jan A. Delcour, R. Carl Hoseney AACC International 2010

How Baking Works: Exploring the Fundamentals of Baking Science. Paula I. Figoni John Wiley & Sons, 2010-10-07

Pâtisserier et Tradition